Karl Knortz

Longfellow

Literar-Historische Studie

Karl Knortz

Longfellow
Literar-Historische Studie

ISBN/EAN: 9783741102264

Hergestellt in Europa, USA, Kanada, Australien, Japan

Cover: Foto ©Andreas Hilbeck / pixelio.de

Manufactured and distributed by brebook publishing software (www.brebook.com)

Karl Knortz

Longfellow

Longfellow.

Literar-historische Studie

von

Karl Knortz.

Hamburg.
Hermann Grüning.
1879.

Inhalt.

	Seite
Lyrische Gedichte	1
Idyllen	27
Der spanische Student	46
Die „Goldene Legende"	56
Göttliche Tragödie. Christus	70
Hiawatha	75
Wirthshausgeschichten („Tales of a Wayside Inn")	86
Neuengland-Tragödien	92
Dante-Uebersetzung	107
Prosaische Schriften. „Poems of Places." „Poets and Poetry of Europe."	116

Lyrische Gedichte.

Wenn man den Charakter der lyrischen Poesie mit einem einzigen Worte so erschöpfend und genau wie möglich bezeichnen will, so braucht man ihr nur das Prädikat „subjektiv" beizulegen, und man ist der selbstgestellten Aufgabe gerecht geworden. Der lyrische Dichter, der da singt „wie der Vogel, der in den Zweigen wohnt," wird stets für seine Lieder ihm geistig wahlverwandte Stoffe wählen, sich in dieselben versenken und sich mit ihnen identificiren, um alsdann mit seinen Eindrücken und Gefühlen in empfindsamen Herzen ein Echo zu erwecken. Er wird nur auf das Gemüth wirken wollen und deshalb erreicht er auch dann den höchsten Erfolg, wenn er es versteht, der Alltäglichkeit ein Feierkleid anzulegen, seine Gedanken künstlerisch zu gestalten und wo möglich im volksthümlichen Tone wiederzugeben. Nur ein warmes und empfängliches Herz macht zum ächten Dichter. Wo Andere kalt bleiben, muß er glühen; wo Andere schweigen, muß er zeugen; denn er ist eine Aolsharfe, welcher der leiseste Windhauch geheimnißvolle Töne entlockt. Wie einst Vilmar von einem getreuen Theologen verlangte, daß er den Teufel nicht allein figürlich, sondern in höchsteigener Person gesehen haben müsse, so ist es eines der hauptsächlichsten Vorbedingungen für einen wirklichen Lyriker, daß er manche Nacht weinend auf seinem Bette saß und daß ihm der ganze Jammer der Menschheit anfaßte. Er muß die Bekanntschaft der „himmlischen Mächte" nicht nur in Büchern, sondern in persönlicher Erfahrung gemacht und selbst erfahren haben, daß neben den Rosen die Dornen stehen, und daß die Liebe kurz, das Leid aber lang ist. Nur dann kann er

„singen von Lenz und Liebe, von sel'ger, goldner Zeit,
von Freiheit, Männerwürde, von Treu und Heiligkeit;
kann singen von allem Süßen, was Menschenbrust durchbebt,
kann singen von allem Hohen, was Menschenherz erhebt."

Sein Gebiet ist ohne Grenzen, denn es umfaßt das gesammte Menschenleben in allen erdenklichen Phasen.

In der Epik steht der Dichter hinter seinem Werke, denn er hat demselben gleichsam seine Individualität geopfert; in der Lyrik hingegen vertritt er ausschließlich eigene Gefühle und Erregungen, und je reicher sein Geist ist, desto trefflicher wird er es verstehen, dieselben auf andere Herzen zu übertragen; deshalb ist auch der lyrische Dichter vorzugsweise der Hohepriester seines Volkes, denn er steht im Allerheiligsten und ertheilt uns aus demselben seinen beruhigenden Segen.

Die Lyrik ist in der ganzen modernen Literatur auch mit der größten Vorliebe gepflegt worden. Obgleich ihr das erhabene und komische Lied, die Ballade, der Hymnus, Dithyrambus und die Elegie angehören, so ist ihre Grundweise doch das eigentliche, sangbare Lied, das da freudvoll, leidvoll und gedankenvoll ist. Die darin zur Wirkung gebrachten Gefühle sind jedoch nur von momentaner Dauer und indem sie der Dichter in Worte kleidet, befreit er sich auch zu gleicher Zeit davon. In dieser Hinsicht steht Goethe unerreicht da; Schiller hingegen ist selten ein stimmungsreiches und sangbares Lied gelungen.

Doch wir wollen uns hier mit Longfellow's lyrischen Gedichten beschäftigen. Eine kurze, biographische Skizze des zum populärsten Dichter der Neuzeit gewordenen Amerikaners möge zur Einleitung dienen.

Henry Wadsworth Longfellow wurde am 27. Februar 1807 in Portland, Maine, geboren, woselbst sein Vater Advokat war. Seine Gymnasialbildung erhielt er in dem bekannten Bowdoin College, das er in den Jahren 1821—1825 besuchte. Auf den Wunsch seines Vaters wollte er sich dann ebenfalls dem Studium der Jurisprudenz widmen, aber noch ehe er damit begonnen hatte, wurde ihm von jenem College die Professur für moderne Sprachen und Literatur angetragen. Um sich auf dieselbe gründlich vorzubereiten, reiste er auf drei Jahre nach Europa, und hielt sich abwechselnd in Frankreich, Spanien, Holland und Deutschland auf. In letzterem Lande besuchte er kurze Zeit die Universität Göttingen.

Im Jahre 1829 trat er sein Amt an, und zwei Jahre darauf verheiratete er sich. In seinen Mußestunden beschäftigte er

sich mit. Ueberſetzungen ausländiſcher Gedichte und mit der Ausarbeitung einiger literar-hiſtoriſcher Abhandlungen, welche allgemeinen Anklang fanden und ſolche Aufmerkſamkeit erregten, daß
man ihm im Jahre 1835 die Profeſſur für neuere Sprachen am
Harvard College, die der berühmte Kenner der ſpaniſchen Literatur,
George Ticknor, bisher bekleidet hatte, antrug. Vor Uebernahme
derſelben ging Longfellow abermals nach Europa, und zwar mit
der Hauptabſicht, ſich gründlich in der Literatur Skandinaviens
auszubilden. Er verlebte den Sommer in Dänemark und Schweden, den Herbſt und Winter in Deutſchland. Während ſeines
Aufenthaltes in ~~Heidelberg~~ ſtarb ſeine Frau. Im Oktober des
Jahres 1836 trat er, nachdem er vorher Tyrol und der Schweiz
einen flüchtigen Beſuch abgeſtattet hatte, die Rückreiſe an und
übernahm ſeine Profeſſur. Sein Domicil ſchlug er in dem reizend
gelegenen Städchen Cambridge auf, und zwar in dem bekannten
Cragie Houſe, woſelbſt ſich Waſhington's Hauptquartier nach der
Schlacht von Bunker Hill befand. Er brachte daſſelbe käuflich an
ſich und ſo beſitzt und bewohnt er es noch heute.

Eine zweite Ehe, die Longfellow einging, war nur von ſehr
kurzer Dauer. An einem Winterabende von einem Concerte zurück gekehrt, kam ſeine Gemahlin dem Kaminfeuer zu nahe, ihr
Kleid fing Feuer, und ſie ſtarb in der folgenden Nacht unter den
heftigſten Schmerzen.

1855 legte Longfellow ſeine Profeſſur nieder und zog ſich
gänzlich in's Privatleben zurück, nur ſeiner Muſe lebend.

Seine erſte Gedichtſammlung erſchien 1839 (nicht 1840,
wie Dr. Dickmann in ſeiner Ausgabe der „Evangeline" ſchreibt)
unter dem Titel: „Voices of the Night" in Boſton. Im ein-
leitenden Gedichte, das zugleich den Charakter aller übrigen, wie
überhaupt der ganzen Longfellow'ſchen Poeſie treu veranſchaulicht,
finden wir ihn im Schatten eines patriarchaliſchen Baumes liegen
und in der Schönheit der Natur ſchwelgen. Er träumt vom
Unendlichen und läßt im blauen Aether die Wolken, wie Schiffe,
über ſich wegziehen.

Von der poetiſchen Naturbetrachtung bis zur mittelalterlichen
Romantik iſt bei ihm ſtets nur ein Schritt, und ſo gedenkt er
auch zugleich der alten Mönchslegenden und Traditionen, wie er

sie in alten Chroniken gefunden. Auch erinnert er sich mit Wehmuth seiner Kindheit und ferne Geisterstimmen raunen ihm in's Ohr: „Du bist kein Kind mehr, und eine hohe Aufgabe ist dir geworden. Das Land des Gesanges, das von lebendigen Quellen bewässert wird, liegt in deinem Busen. Schaue nun in den Strom des Lebens und alle Phasen desselben, die niederdrückenden Sorgen des Tages und die feierlichen Stimmen der Nacht sollen dir den Stoff zu deinen Gesängen liefern!" Der Dichter nimmt diese Aufforderung an und fleht darauf in einer Hymne das höchste Kleinod, den Frieden, auf die Erde herab.

Das nun folgende Gedicht: „Der Lebenspsalm" („Psalm of Life") hat Longfellow's Namen weltberühmt gemacht. Es befindet sich fast in jedem amerikanischen und englischen Schullesebuche und in alle modernen Sprachen ist es übersetzt worden. Es enthält eigentlich nur alte, längst bekannte Wahrheiten, aber die Form, in welche dieselben gekleidet sind, ist so glücklich und ansprechend, und die Diction so bezaubernd, daß man mit Recht behaupten kann, jenes Gedicht bilde den Grundstein am Ruhmestempel Longfellow's.

Es behandelt das einseitige Thema von den Kämpfen, welche das menschliche Leben mit sich bringt; in demselben sollen wir als Helden, aber nicht als passive Zuschauer dastehen, so daß wir unsern irrenden Nachkommen im Sande der Zeit Fußspuren hinterlassen, denen sie getrost folgen können. Für jedes Loos soll der Mensch bereit sein und arbeiten und warten lernen. Zu eigentlichen heroischen Thaten wird er nicht aufgefordert, und der überall durchdringende Gedanke ist der christliche Spruch: „Hoffnung läßt nicht zu Schanden werden."

Bei der Abfassung des Gedichtes: „The Reaper and the Flowers" schwebte Longfellow unstreitig das katholische Kirchenlied: „Es ist ein Schnitter, heißt der Tod", vor; dasselbe befindet sich in dem von ihm so hoch geschätzten Sammelwerke „des Knaben Wunderhorn."

In den „Fußtapfen der Engel" läßt er sich vom flackernden Kaminfeuer in der Dämmerungsstunde die Seelen der lieben Abgeschiedenen vorzaubern, und darunter befindet sich auch diejenige, die ihm in der Jugend gegeben ward, nämlich die Gattin, die er

Lyrische Gedichte.

in seinem 28sten Lebensjahre verlor. Leise tritt sie zu ihm, setzt sich in den leeren Lehnstuhl und legt traulich ihre Hand in die seinige.

Nun folgen noch einige weniger bedeutende Lieder und dann kommen sieben Gedichte, die er während seiner Gymnasialzeit, also vor dem 19. Jahre schrieb. Er läßt die herrenhutischen Nonnen zu Bethlehem in Pennsylvanien ein Lied zur Einweihung einer Fahne singen, die dem Angedenken des polnischen Grafen Pulaski, der bei der Belagerung von Savannah (1779) den Heldentod für die amerikanische Freiheit starb, gewidmet ist. Die übrigen Nummern bekunden seine unwandelbare Freude an der Natur auf's Neue; das „Begräbniß des Minnesink" erinnert lebhaft an Schiller's „Nadowessische Todtenklage."

Unter den beigegebenen Uebersetzungen nimmt die der in Spanien sehr populären und oft kommentirten Ode: „Coplas do Manrique" die Hauptstelle ein. Jorge Manrique lebte in der letzten Hälfte des 15. Jahrhunderts und war der Sohn Rodrich's, des Grafen von Paredes, dessen Tod jene Ode gewidmet ist. George Ticknor sagt im ersten Bande seiner „Geschichte der spanischen Literatur" *) Folgendes über den Dichter und sein Werk:

„Er war ein Dichter voll natürlichen Gefühls, zu einer Zeit, wo die Besten um ihn her sich fast alle spitzfindigen Spielereien ergeben hatten, was man damals für eine seltene Zierde der Schreibart hielt. Auch besitzen wir eine beträchtliche Anzahl seiner leichteren Verse, hauptsächlich an die von ihm Angebetete gerichtet, die ohne die Farbe ihrer Zeit sind, welche sich ein Jahrhundert später, nachdem der italienische Geschmack am Hofe Heinrich's des Achten von England eingeführt worden war, dort auf ähnliche Weise wiederholten. Das bedeutendste Gedicht dieses jüngsten Manrique ist jedoch ganz frei von Geziertheit. Es wurde 1476 beim Tode seines Vaters geschrieben und ist im alten, ächt spanischen Versmaße. Die ungefähr 500 Verse, aus denen es besteht, sind in 42 Stanzen (coplas) getheilt, und es heißt, der Einfalt und Grabheit seiner Zeit gemäß, nur: „Die Stanzen des Manrique", als wenn es keiner anderen unterscheidenden Benennung bedürfe.

---

*) Uebersetzt von N. H. Julius.

Es bedarf derselben auch nicht. Statt einer lauten Schaustellung seines Kummers oder einer dem Geist der Zeit gemäß gezierten Entfaltung seiner Gelehrsamkeit enthält es eine einfache und natürliche Klage der Wandelbarkeit alles irdischen Glücks, den reinen Erguß eines von Betrübniß erfüllten Herzens, das die Werthlosigkeit dessen, was es am meisten geschätzt und erstrebt hat, plötzlich empfindet. Der Vater des Dichters nimmt fast die Hälfte der Dichtung ein, und man muß gestehen, daß einige der ihm unmittelbar gewidmeten Stanzen der einzige Theil derselben sind, den man wegwünschen möchte. Allenthalben fühlt man aber, sowohl vorher, als nachdem der eigentliche Gegenstand des Gedichts genannt worden ist, daß dessen Verfasser eben einen Verlust erlitten hat, der sein Hoffen vernichtete und seinen Blick einzig auf die düstere und entmuthigende Seite des Lebens lehrte. In den ersten Stanzen scheint er grade im Anfange seiner großen Betrübniß zu sein, und wagt es nicht deren Ursache deutlich zu nennen, indem sein Geist, der stets über seinen Sorgen brütet, nicht einmal nach einer Tröstung um sich blickt.

Die gleiche Stimmung klingt, wenn auch etwas gemildert, durch, wenn er die entschwundenen Tage seiner Jugend und am Hofe Johann's des Zweiten berührt, und sie wird noch tiefer empfunden, weil die von ihm beschriebenen festlichen Tage einen so starken Gegensatz zu den dunkeln und feierlichen Gedanken bilden, zu denen sie ihn führen. In dieser Beziehung tönen die Verse in unserm Herzen wieder, wie der Ton einer tiefen Glocke, die von leichter und zarter Hand angeschlagen wird, und noch lange Töne erklingen läßt, die stets klagender und feierlicher lauten, bis sie zuletzt zu uns gelangen, gleich einer Klage um Diejenigen, die wir selbst geliebt und verloren. Allmählig aber ändert sich die Bewegung. Nachdem der Dichter den Tod seines Vaters deutlich verkündet hat, wird auch seine Weise gottergebener und frommer. Der Schimmer einer seligen Zukunft dringt in seinen versöhnten Geist, und darauf endigt das Ganze, gleich einem milden und hellen Sonnenuntergange, bei welchem der edle, alte Krieger, friedlich von seinen Kindern umgeben, in Ruhe versinkt und sich seiner Erlösung freut.

Kein älteres spanisches Gedicht, mit Ausnahme vielleicht einiger der ältesten Romanzen, läßt sich mit Manrique's Stanzen an Tiefe und Wahrheit des Gefühls vergleichen, und wenige irgend eines spätern Zeitpunktes haben die Schönheit oder Kraft der besten Stellen dieses Gedichtes erreicht. Auch die Verse sind trefflich, frei und fließend, manchmal alterthümlich klingend und gebildet, treu dem Charakter der Zeit, welche sie hervorbrachte, wodurch das Malerische in ihnen und ihre Wirkung gesteigert werden. Ihr größter Reiz aber liegt in ihrer schönen Einfalt, die keiner Zeit angehört, und deshalb den Stempel des Genies in einer jeden an sich trägt."

Longfellow's metrische Ueberſetzung dieſer allerdings jetzt nur noch wenig geleſenen Ode ist so genau, wie nur möglich, eine Eigenschaft, die man überhaupt allen seinen Uebertragungen nachrühmen kann.

Die anderen in jenem Werke enthaltenen Uebertragungen bestehen aus religiös angehauchten Sonetten von Lope de Vega und Francisco de Aldana, einigen Liedern aus dem Französischen, Deutschen u. ſ. w.. Unter den Letzteren befinden sich Lieder von Tiedge, Stockmann („Wie sie so sanft ruhen, alle die Seligen"), Uhland („Das Schloß am Meere"), Salis („Das stille Land") und das „Des Knaben Wunderhorn" entnommene neckiſche Lied „Hüt' du dich."

Die nächste Gedichtsammlung ließ Longfellow im Jahre 1841 unter dem Titel „Ballads and other Poems" erscheinen. Das Hauptgedicht derselben, „The Skeleton in Armour" hat nach der Mittheilung des Verfassers folgenden Ursprung: „Zu der folgenden Ballade", schreibt er, „wurde ich auf einem Ritte an der Seeküste von Newport inspirirt. Vor einem oder zwei Jahren war nämlich in Fall River ein Skelett nebst einer zerbrochenen und stark vom Roste angefressenen Rüstung ausgegraben worden, und nun kam mir die Idee, dasselbe mit dem „Runden Thurm" zu Newport, der allgemein unter dem Namen „die alte Windmühle„ bekannt ist, und den man für das Werk der alten Skandinavier hält, in dichterischen Zusammenhang zu bringen.

Professor Rafn schreibt darüber in den „Mémoires de la Société Royale des Antiquaires du Nord" (1838 bis 1839) Folgendes:

„Es herrscht kein Zweifel in Bezug auf den Stil, in welchem die älteren Steinwerke des Nordens construirt waren, den

Stil nämlich, welcher der römischen oder vorgothischen Architektur angehört und welcher hauptsächlich nach der Zeit Karl's des Großen von Italien aus im ganzen Westen und Norden Eingang fand, woselbst er nun bis zum Schlusse des 12. Jahrhunderts vorherrscht; jener Stil, den einige Autoren infolge seines besonderen charakteristischen Merkmals den „Rundbogenstil" nennen und den man in England als sächsische oder normännische Architektur bezeichnet.

Am alten Gebäude zu Newport befinden sich keine Ornamente mehr, welche auf ein Datum seiner Erbauung schließen lassen könnten. Daß durchaus kein Merkmal am Spitzbogen gefunden wurde, weist uns eher auf eine frühere, als auf eine spätere Periode hin. Nach den erhaltenen Merkmalen kann man nur einen Schluß ziehen, mit dem Alle, die mit der altnordischen Architektur vertraut sind, übereinstimmen werden; nämlich den, daß jenes Bauwerk wenigstens nicht nach dem 12. Jahrhundert errichtet worden ist. Dies bezieht sich selbstverständlich nur auf das Originalgebäude und nicht auf die Aenderungen, die später an ihm vorgenommen worden sind; denn im obern Theile des Gebäudes befinden sich unverkennbar solche Aenderungen, welche durch den späteren Gebrauch desselben als Windmühle oder Heumagazin nothwendig gemacht wurden; daß es ursprünglich nicht für eine Windmühle bestimmt war, wird jedem Architekten bald klar."

„Auf eine Discussion dieser Frage", fährt Longfellow fort, „mag ich mich nicht einlassen; denn für eine Ballade ist dieselbe hinlänglich erörtert, obgleich ohne Zweifel mancher achtbare Bürger von Newport, der seine Tage im Angesichte des „Rundthurmes" zugebracht hat, mit Sancho ausrufen wird: „Habe ich Euch nicht gewarnt vor dem, was Ihr thatet, denn es war nichts als eine Windmühle, und nur derjenige konnte es für etwas Anderes ansehen, der ihr Ebenbild im Kopfe hatte."

Nun fordert der Dichter das geheimnißvolle Skelett auf, seine Geschichte zu erzählen. Gleich schießen aus den dunkeln Augenhöhlen blasse, dem Decemberglühen des nordischen Himmels ähnliche Strahlen und eine Stimme, die dem Murmeln des Wassers gleicht, das unter dem Schnee dahinfließt spricht: „Ich bin ein alter Wiking, dessen Thaten weder der Skalde besungen, noch die Sage verewigt hat. Meine Heimath stand am baltischen Strande, woselbst ich den Falken zähmte, auf Schlittschuhen über den halbgefrornen Sund hineilte und den Eisbär in seine kalte Wohnung verfolgte. Im angehenden Mannesalter schloß ich mich der Mannschaft eines Seeräubers an und führte ein wildes, abenteuerliches Leben. Auch entführte ich die schöne Tochter eines Fürsten und baute für sie diesen Thurm. Sie liegt unter demselben begraben und auch ich fiel dort in meinen Speer."

Die Sprache dieses Gedichtes ist markig und schwungvoll und das nordische Colorit verleiht demselben einen eigenthümlichen, schwer zu beschreibenden Zauber. Die Schilderung ist so lebendig, daß man jenes Skelett sich aufrichten sieht, und seine hohle Geisterstimme mit leiblichen Ohren zu vernehmen glaubt.

Im nächsten Gedichte, "The Wreck of the Hesperus", finden wir dieselbe kräftige, bündige Sprache und hinreißende Behandlung eines allerdings dankbaren Thema's. Ein Seefahrer befindet sich mit seiner Tochter an Bord eines Schiffes. Alle Anzeichen deuten auf einen bald hereinbrechenden gefährlichen Sturm; aber der alte Kapitain lacht aller Warnungen und sticht trotzig in See. Als nun der Sturm wirklich anfängt zu toben und zu wüthen, bindet er seine ängstliche Tochter, deren Reden dem des fieberkranken Knaben in Goethe's "Erlkönig" nachgebildet sind, mit einem Stricke an den Mast; doch das Schiff geht unter und Alle ertrinken am Riff von Norman's Woe.

Die Uebersetzungen von Uhland's "Glück von Edenhall" und einer mystischen dänischen Ballade, deren Original sich in "Nyerup-Rahbek's Danske Viser" befindet, sind Meisterstücke ihrer Art. Dasselbe gilt auch, wenn man von einigen holprigen Hexametern absieht, von der metrischen Uebertragung der Tegner'schen "Nattvardsbarnen" oder "Nachtmahlskinder", eines Gedichtes, für das Longfellow so sehr eingenommen ist, daß er es in der Vorrede höher stellt, als Goethe's "Hermann und Dorothea" oder Vossen's "Louise". Um das Verständniß dieser Idylle vorzubereiten, hat er ihr eine auf eigener Anschauung beruhende Beschreibung einer schwedischen Hochzeit und der Hauptschönheiten der Landschaften des betreffenden Königreiches vorausgeschickt.

Die Bemerkung, daß der Bischof von Wexiö noch lebe, schrieb Longfellow allerdings im Jahre 1841; in den späteren Ausgaben dieses Gedichtes aber, hätte er dieselbe doch weggelassen oder dafür das Todesjahr Tegner's (1846) anführen sollen.

Von den nachstehenden Gedichten sind hauptsächlich „Der Dorfschmied" und „Excelsior" ungemein populär geworden. In ersteren wird uns ein ehrlicher, arbeitsamer Schmied vorgeführt, der an den Wochentagen sein Brod im Schweiße des Angesichts verdient und sich Sonntags als ächter Christ mit seiner Familie in die Kirche begiebt, um daselbst der Predigt und. dem Gesange andächtig zu lauschen. Der Grundgedanke ist ein ächt christlich-spießbürgerlicher; saure Wochentage und neuenglische, nur im Kirchenbesuche bestehende Feiertagsabwechslung. „Excelsior" hingegen zeigt uns den jungen Geist des Amerikaners von einer anderen und zwar ausgeprägteren Seite, nämlich in seinem beständigen Vorwärtsstreben, das ein jedes Hinderniß muthig aus dem Wege räumt. Es ist daher kein Wunder, daß jenes Gedicht das stehende Lieblings-Declamationsstück der amerikanischen Jugend bildet.

Einige andere Gedichte dieser Sammlung, wie „Endymion", „Der Regentag", u. s. w. müssen als wahre Perlen der Lyrik bezeichnet werden.

Im Jahre 1842 ließ Longfellow eine kleine Reihe von „Poems of Slavery" erscheinen. Es sind, wenn man das Widmungsgedicht an den unitarischen Geistlichen William Ellery Channing abrechnet, nur sieben Lieder, die er während einer Seereise schrieb. Beim Landen erfuhr er jedoch, daß Channing inzwischen das Zeitliche gesegnet hatte; seine Apostrophe an ihn ließ er aber trotzdem abdrucken, was uns, da Longfellow sonst nur vereinzelte kleine Gedichte bekannten Persönlichkeiten, wie Agassiz, Tennyson, Whittier u. s. w. dedicirte, eine Idee giebt von der großen Hochachtung, die er für den bekannten freisinnigen Theologen Bostons hegte. Er drückt darin die innigste Uebereinstimmung mit dessen religiösen Ansichten aus; Channings Worte seien erhaben und kühn, und erinnerten lebhaft an die Luther's. Darnach fordert er ihn auf, gegen die gesetzliche Lüge und den feudalen Fluch Amerika's, „dessen Peitsche die Humanität beleidige", aufzutreten und eine neue „Offenbarung" zu schreiben.

Channing, dessen Schriften ins Deutsche durch J. A. Schulze und A. Sydow übertragen und in Frankreich durch Ed. Laboulaye bekannt wurden, starb am 2. October 1842. Er war kein großer Denker, und wußte in abstrakten Dingen überhaupt wenig Bescheid, aber er war ein ausgezeichneter Stilist und einer der gewaltigsten

Kanzelredner der damaligen Zeit. Er wünschte die größtmögliche Freiheit für Jedermann und war auch bereits für die Emancipation der Neger durch eine vielgelesene Schrift energisch in den Kampf getreten. Was daher Longfellow mit der „neuen Offenbarung" will, ist schwer zu erklären. Ebenso hinkend ist der Vergleich mit Luther. Channing war von Grund seiner Seele tolerant und wollte den Glauben eines jeden Menschen geachtet sehen; Luther hingegen war bekanntlich die personificirte Unduldsamkeit und Derbheit.

Longfellow redet in seinen Gedichten, wie das damals, besonders in Neuengland an der Tagesordnung war und gewissermaßen zum guten Tone gehörte, der Negerfreiheit das Wort; er nennt den schwarzen Paria einen Simson, der augenblicklich seiner Stärke beraubt sei, bald jedoch, was auch Channings oft geäußerte Ansicht war, am Staatsgebäude rütteln und allen Philistern den Untergang bereiten werde. Im Ganzen genommen, sind jene Gedichte ungemein lahm und zart gegen jene ähnliche Zwecke verfolgenden gewaltigen Zornausbrüche, die der bekannte Quäkerpoet Whittier in den Jahren 1833—1848 veröffentlichte, wie denn überhaupt die Quäker von jeher rastlose und aufopfernde Bekämpfer jener nationalen Schande gewesen sind. Eine starke Erregung und tobesmuthige Begeisterung ist jedoch Longfellows Sache nie gewesen. Seiner Entrüstung über den betreffenden Schandfleck der Republik hat er keine geharnischte Worte verliehen und was er liefert, sind nur harmlose Bildchen aus dem Sklavenleben. Whittier's Lieder hingegen rauschten wie Körner'sche Schlachtrufe dahin und klangen den südlichen Baronen wie ein Todesurtheil in die Ohren. Er nennt die Sklaven „zu Thieren erniedrigte Amerikaner" und weist auf die Tyrannen Europa's hin, die sich ihren Untergebenen gegenüber doch viel menschlicher benähmen, als die Leiter des Landes, welches zum Hort der Freiheit bestimmt sei. Und wie donnert der sonst so sanfte und fromme Quäker gegen die Geistlichen Charleston's, welche insgesammt einer Versammlung für das Sclavenwesen beigewohnt und dadurch den Zweck derselben sanktionirt hatten! Er nennt sie fette, bezahlte Heuchler, die beständig von Freiheit faseln und zugleich dem scheußlichsten Menschendiebstahl das Wort reden. Zu einer solchen Sprache hat sich Longfellow in seinem Leben nicht aufraffen können.

„The Belfry of Bruges and other Poems" ist der Titel des im Jahre 1846 erschienenen Werkes. „Das Glockenspiel von Brügge" erweckt in ihm alte Geschichten und Sagen und demonstrirt ihm zugleich die wahre Aufgabe eines Dichters. „Ein Besuch im Arsenale zu Springfield" giebt ihm Gelegenheit, sich gegen das Kriegshandwerk auszusprechen. Würde, sagt er, die Hälfte der Macht, welche die Welt mit Schrecken erfüllt, und das halbe Geld, welches für Geschütze und kriegerische Vorbereitungen verausgabt wird, dazu verwandt, um die Menschheit vom Irrthum zu erlösen, dann wären Festungen und Arsenale unnöthig und jeder Nation, welche mit den Waffen in der Hand gegen eine andere aufträte, würde der Fluch Kain's folgen.

In dem reizenden bidaktischen Gedichte „Nürnberg" erwähnt er der deutschen Bahnbrecher auf dem Gebiete der Malerei und Dichtkunst; Albrecht Dürer nennt er den Evangelisten der Kunst, der nicht gestorben, sondern nur „entrückt" sei, weil ja ein Künstler überhaupt nicht sterben könne, und von den Meistersängern, die da im Geräusche der Werkstätte eifrig der Musen pflegten, sagt er bezeichnend, daß sie sich der Schwalbe gleich am Ruhmestempel Nester gebaut.

Im „Normannenfreiherr" berührt Longfellow wieder sein Lieblingsthema, den Sieg der Religion, resp. des Christenthums, und in den darauf folgenden Naturbildern zeigt er wieder auf's Neue, daß selbst der einfachste Vorgang ihm poetische Gedanken von überraschender Anmuth abzulocken vermag, wie z. B. in der gemüthsreichen Abendscene „Tho day is done". Auch zollt er Walther von der Vogelweide seine Verehrung und ein altes dänisches Liederbuch, das er von der Reise mitgebracht hat, ruft ihm die schöne Zeit der Jugend zurück. Das Gedicht „die alte Uhr auf der Treppe" ist durch einen Ausspruch Bridaine's inspirirt, dessen Worte „toujours! jamais! jamais! toujours!" durch den Kehrreim „Forever — never!
Never — forever!"
wiedergegeben sind. Von den Uebersetzungen, unter denen wir Lieder von Julius Mosen und einige Sinngedichte von Friedrich von Logau finden, zeichnet sich besonders die gelungene Wiedergabe der beiden Volkslieder „O Tannebaum" und „Aennchen von Tharau" aus.

Die Sammlung „The Sea-side and the Fire-side" erschien 1850. Das Hauptgedicht darin, welches die Amerikaner so gern mit Schiller's „Glocke" vergleichen und in Folge ihrer angeborenen Bescheidenheit natürlich für viel schöner und gediegener halten, heißt „Der Schiffsbau." (Auch Böttger hat nach einer Notiz in Fr. Dickmann's Ausgabe der „Evangeline" in der Einleitung zu seiner Uebersetzung von Longfellow's Gedichten sich mit einem Vergleich beschäftigt; doch ist mir jenes Buch nie zu Gesichte gekommen.)

Der Schiffsbaumeister hatte zuerst, da er ein starkes und schnelles, für den Handel bestimmtes Seefahrzeug herstellen wollte, ein Modell seines zukünftigen Werkes, „das wie ein Kind dem Manne glich", geliefert. Nun wird das Holz beschrieben, das er nahm und auch stets der Heimatsort desselben mit kurzen, patriotischen Bemerkungen erwähnt, und da jeder Staat Amerika's dazu beigesteuert hatte, um die „hölzerne Mauer zu bauen", so sollte der Name des Schiffes „Union" sein, und am Tage des Stapellaufens sollte auch die einzige Tochter des Baumeisters dem erwählten Bräutigam als Frau zugeführt werden.

Die Arbeit ward begonnen, und an den Feierabenden erzählte der Meister dem jungen Paare haarsträubende Geschichten von Schiffbrüchen in Septemberstürmen, von Piraten und allerlei Wechselfällen des Matrosenlebens.

Das Schiff wuchs von Tag zu Tag und wurde am Bug mit einem Bildwerke verziert, dem aber weder eine Nymphe noch eine dem Wasser entsteigende Najade, sondern des Meisters Töchterlein als Modell gedient hatte. Dann werden die, Maine's Tannenwäldern entnommenen Masten aufgestellt, das Sternenbanner wird aufgehißt und fertig steht das Schiff, wie eine geschmückte Braut, um dem ungeduldig wogenden Ocean angetraut zu werden. Auf dem Verdecke aber steht noch ein anderes Paar und der fungirende Geistliche hält eine salbungsreiche Rede, in der er das Leben mit einer Meerfahrt vergleicht; heute berühren wir den Himmel und morgen sinken wir in die Tiefe, doch der Gewissenhafte wird die Insel des Glücks sicher erreichen. Dann wird das Schiff dem Ocean übergeben und der Poet giebt ihm seinen Segen mit auf den Weg. Darnach wendet sich der Dichter im gerechten Auflobern seines patriotischen Gefühls an die „Union" und spricht: „Segle weiter, du Staatsschiff, groß und stark! Wir kennen den Meister, der dich baute und wissen, woher dein Holz und deine Segel stammen; die Humanität der Zukunft beruht auf dir! Fürchte nicht den Stoß, denn er kommt von Wellen und nicht von Felsen! Segle weiter, unsere Hoffnungen und Herzen, unsere Gebete und Thränen werden dich stets begleiten!"

Nach dieser kurzen Inhaltsangabe wird es wohl jedem einleuchten, daß ein ernstlicher Vergleich mit der „Glocke" sicherlich nicht zu Gunsten der Longfellow'schen Dichtung ausfallen kann. Schiller zeichnet das ganze Menschenleben in allen seinen Phasen, Longfellow hingegen nur der ersten Liebe gold'ne Zeit. Wir sehen bei Schiller den Knaben zum Jüngling und das Mädchen zur Jungfrau heranreifen, und nachdem wir alsdann Beide im Vollgenusse des häuslichen Glückes angetroffen haben, zieht das schnellschreitende Unglück heran und der schwarze Fürst der Schatten fordert seine Opfer. Doch nicht allein das Familienleben wird uns vorgeführt, sondern wir sehen auch den ruhigen Bürger zur Selbsthilfe greifen und die züchtig waltende Hausfrau zur Hyäne werden. Mit dem Schlußgedanken, daß alles Irdische verhalle, wird dann der Friede eingeläutet.

Schon das Thema, das sich Schiller wählte, giebt zu reichhaltigeren, poetischen Ausführungen Veranlassung als das des Amerikaner's, dem übrigens auch noch manche interessante Seite abzugewinnen gewesen wäre. Auf das Reintechnische haben beide Dichter große Sorgfalt verwandt; Schiller studirte zu diesem Zwecke, wie er Göthe mittheilte, mit großem Fleiße den Artikel über Glockengießerei in Krünitzen's Encyclopädie, und Longfellow machte sich mit dem Nöthigen auf den Schiffswerften Bostons bekannt; aber es ging ihm doch die Fähigkeit ab, das allmähliche Entstehen des Schiffes so anschaulich zu zeichnen, wie es Schiller mit der „Glocke" verstand. Auch jene Sprüche, die die rüstig fortschreitende Arbeit begleiten und die zum Gemeingut des deutschen Volkes geworden sind, sucht man bei Longfellow vergebens, wenn man nicht, wie der Amerikaner, einen vollständigen Ersatz in dem patriotischen Schlusse finden kann.

Longfellow's kleinere Seebilder, wie „Der Leuchtthurm", „Feuer mit Treibholz", das an das in England durch Lockhart's Uebersetzung bekannt gewordene spanische Gedicht vom Grafen

Arnaldos erinnernde „Geheimniß des Meeres" u. s. w. zeigen alle bekannten Vorzüge seiner Lyrik auf. In der dem Leben am häuslichen Heerde gewidmeten Abtheilung gedenkt er mehrmals seiner abgeschiedenen Gattin, spricht in „The Builders" die hausbackene Ansicht aus, daß es in der Welt nichts Nutzloses und Niedriges gebe, sondern daß Jeder in seinem bescheidensten Wirkungskreise Gutes schaffen könne und es auch müsse, weil ja die Götter überall hinsehen, und dann erzählt er uns eine lustige Geschichte von durstigen Mönchen („König Witlaf's Trinkhorn"). Das liebliche Gedicht „Pegasus im Pfandstalle", schildert die Entstehung der Musenquelle Hypokrenes etwas abweichend von der griechischen Sage.

„Tegner's Drapa" führt uns den altgermanischen Sonnengott Baldr und den leise schleichenden Höbr, der den ersteren mit einem Mistelzweige tödtet, vor, und beim Begräbniß ergeht an die neuen Barden der Mahnruf, nicht mehr von Wikingern und Jarlen, noch von blutigen Thaten zu singen, sondern für die Freiheit aufzutreten und dafür zu sorgen, daß die Liebe als Gesetz regiere.

Durch die Uebertragung des im Jahre 1836 erschienenen, in Frankreich sehr populären Gedichtes „L'Abuglo de Castel Cuillé" hat sich Longfellow, indem er seine Landsleute mit einem der ersten französischen Volksdichter, nämlich mit dem Gascogner Jacquou Jansemin (gestorben 1864) oder Jacques Jasmin, wie ihn die Franzosen gewöhnlich nennen, bekannt machte, großes Verdienst erworben. Der Friseur Jansemin, der seinen beneidenswerthen Ruf mit dem Bäckermeister Reboul theilt, schrieb jenes Gedicht im Patois seiner Vaterstadt Agen und reiste damit in fast ganz Frankreich umher, es überall, da er ein tüchtiger Deklamator war, mit dem größten Beifalle vortragend.

Sainte-Beuve nennt ihn in einem Artikel den Manzoni Languedociens; 1852 ertheilte ihm die französische Academie den großen Preis und ließ ihm zu Ehren eine Medaille schlagen. Sehr richtig bemerkte Longfellow in den vier Eingangszeilen, daß sich der Dialekt Schottlands wohl besser für die Wiedergabe jener kleinen Tragödie eignen würde als das schriftgemäße Englisch.

Jenes in abwechselnden Versmaßen abgefaßte Gedicht zeigt uns junge Leute beiderlei Geschlechtes bei ihren ländlichen Spielen; Baptiste, einer der Jünglinge, sieht traurig zur Erde, denn Margarethe, das Mädchen seines Herzens, ist blind geworden, und er soll nun die Angela heirathen. Am Hochzeitstage Beider hatte sich nun die Blinde von ihrem jüngeren Bruder in die Kirche führen lassen und wie sie dann Baptiste das Jawort aussprechen hört, will sie sich erstechen, fällt aber, ehe der Stahl ihr Herz trifft, todt nieder. Jenes Gedicht ist wunderbar ergreifenden Charakters und seine Sprache ist von solcher Gewalt, daß sie selbst das härteste Herz zu Thränen rührt.

„Birds of Passage", die nächste Gedichtsammlung, erschien im Jahre 1858.

Im „Prometheus" sagt Longfellow, daß von jeher nur diejenigen Dichter und Seher heilig gesprochen wurden, die mit ihrem Herzblute die Menschheit edler und freier machten. So erging es Dante, Milton und Cervantes, in deren Worten ein prometheisches Feuer brannte.

Das Gedicht „Leiter des St. Augustin" bezieht sich auf den Ausspruch jenes Heiligen, man könne sich mit seinen Fehlern eine Himmelsleiter erbauen, nämlich dadurch, daß man jede sündige That mit den Füßen reuig niedertrete.

Im Gedichte „Der Judenkirchhof zu Newport" macht Longfellow die an und für sich unschuldige Bemerkung, daß todte Nationen nie auferstehen, was die talentvolle deutsch-amerikanische Dichterin Minna Kleeberg dermaßen in Wuth brachte, daß sie eine geharnischte Antwort darauf folgen ließ. (Seite 60 ihrer Gedichte. Louisville 1877.)

Im „Catawba-Song" erhebt er den betreffenden Wein in alle Himmel, und die Hoffnungen, die er an demselben knüpft, theilt er sicherlich mit vielen Winzern. Die in jenem Bande befindlichen poetischen Erzählungen sind durchgängig etwas melancholisch gefärbt und ohne besonderen Werth.

Der „zweite Flug der Zugvögel" erschien als Anhang zur ersten Sammlung der „Wirthshausgeschichten."

„Three Books of Songs" (1872) enthalten außer dem zweiten Tage der „Wirthshausgeschichten" das dramatische Gedicht „Judas Makkabäus" und „a handful of translations." Als besonders gelungen ist unter den Letzteren das dem Französischen von Jean Reboul nachgedichtete Lied „Der Engel und das Kind" zu bezeichnen. Im „Judas Makkabäus" hat er sich an ein besonders im Deutschen, z. B. von Werner, Pyrker u. s. w. behandeltes Thema gewagt, ohne jedoch, trotz der Dankbarkeit desselben eine Arbeit zu liefern, die nur im Entferntesten einen Vergleich mit der des genannten Deutsch=Ungarn aushielte. Ueberhaupt ist jenes Buch von allen Werken Longfellow's dasjenige, das die wenigste Beachtung von Seiten der Kritik und des Publicums gefunden hat und zwar mit Recht.

„Aftermath" (1873) enthält den dritten Tag der an einer anderen Stelle besprochenen „Wirthshausgeschichten" und den „dritten Flug der Zugvögel." Unter Letzteren befinden sich einige der duftendsten Blüthen seiner Lyrik, wie „Fata Morgana", „das Begegnen", „das Bächlein und die Welle" u. s. w. Doch ein melancholischer Zug geht durch dieselben, denn das Bewußtsein, daß seines Bleibens nicht mehr lange auf Erden sein wird, scheint wie ein Alp auf der Brust des Dichters zu lasten.

Trotzdem aber legte er seine Hände nicht müßig in den Schooß; so lange er noch im rosigen Lichte athmete, wollte er auch sein Saitenspiel nicht verstummen lassen, denn das poetische Schaffen war ihm nachgerade zum Lebensbedürfniß geworden. „The Masque of Pandora and other Poems" war die Gabe, die er 1876 seinen Verehrern darbrachte. Das Buch enthält erstens eine dramatische Behandlung der ewig neuen Prometheussage, dann die zwei größeren Gedichte „The Hanging of the Crane" und „Morituri Salutamus", drittens den „vierten Flug der Zug= vögel" und schließlich eine kleine Sammlung Sonette.

In der Prometheussage hat Longfellow seiner Individualität gemäß etwas ganz Anderes gefunden, als was dieselbe ursprünglich illustrirte. Nachdem Hephästos die Pandora gebildet und ihr Zeus Leben eingehaucht, und sie von den Göttern beschenkt worden ist, führt sie Hermes dem Titanen auf dem kaukasischen Felsen zu. Derselbe weist dieses Geschenk jedoch barsch mit der Bemerkung zurück, daß die Götter voller Rachbegier und ewige Feinde des Menschengeschlechtes seien. Auch seien sie durchaus nicht allmächtig, denn sie ständen ja mit den Menschen unter dem Gebote eines und desselben Schicksals und seien daher nicht mehr als diese. Pandora wird also Epimetheus übergeben, der sie auch bereitwillig annimmt und sich mit ihr vermählt. Prometheus warnt ihn vor diesem verderblichen Geschenke und will ihn in seine Schmiede nehmen, um ihm zu zeigen, daß die Arbeit durchaus kein Fluch sei, und daß er nur durch sie sich wahre Freuden erringen könne. Nachdem nun Pandora den Deckel der Unglücksbüchse aufgehoben hat und somit Krankheit, Elend und Noth über die Menschen gekommen sind, verlangt sie in ihrer Verzweiflung, Epimetheus möge sie doch tödten. Derselbe liebt sie jedoch noch immer und sagt: Die Götter wollten uns bestrafen, denn nur durch Leiden ist es möglich, daß sich die Menschen mit dem Himmel wieder versöhnen. Man sieht daraus deutlich, wie Longfellow der alten Sage ein christliches Gewand anlegte und ihr den Gedanken, daß man nur durch Leid zur Herrlichkeit eingehen könne, aufoctroyirte. Prometheus hingegen, als Vater der Civilisation, der sich gegen die Naturmächte auflehnte und sie sich aus eigener Kraft nutzbar machte, hinzustellen, das war dem sanften Amerikaner zu kühn; den Göttern aber solchen Trotz entgegen zu schleudern, wie es Göthe in seinem bezüglichen dramatischen Fragmente zum Schrecken aller zartfühlenden Christenherzen gethan hat, schien ihm unzweifelhaft ein Verbrechen zu sein.*)

„The Hanging of the Crane" bezieht sich auf den Gebrauch, das Haus eines jungen Ehepaars durch das Aufhängen eines Kessels im Kamine einzuweihen. Am Kamine sitzt der Mann allein und läßt allerlei Bilder der Zukunft vor seinen Augen kaleidoskopisch vorüber ziehen. Der Tisch ist nur für zwei Personen, die einander die beste Gesellschaft sind, gedeckt; alle Geräthe werden nicht mehr „mein" oder „dein", sondern „unser" genannt. Jenes Bild verschwindet und kehrt bald etwas verändert wieder. Ein kleiner Engel, ein bausbackiges Söhnchen, hat sich dem Paare zugesellt, und trommelt munter mit dem Löffel auf den Tisch. Es spricht nicht, aber seine Augen verkünden eine tiefere Weisheit, als mit Worten auszudrücken ist.

Bei der Entrollung des nächsten Bildes sitzen bereits zwei kleine Gäste am Tische; der junge König ist entthront und sein Schwesterchen trägt jetzt die Krone.

Die Zeit eilt. Der Tisch muß durch einen größeren ersetzt werden, um den vielen Gästen, den liebeahnenden Jungfrauen und den welteroberungssüchtigen Jünglingen Platz zu gewähren.

―――――――
*) „The Masque of Pandora" ist von Isabella Schuchardt trefflich übersetzt worden. (Hamburg, Hermann Grüning, 1878).

Aber bald wird auch der Kreis wieder kleiner, und das alte Ehepaar sitzt allein da, denn ein Kind nach dem andern ist fortgegangen. Die Mädchen wirthschaften als Mütter in anderen Häusern, und von den Knaben ging der eine nach Zanzibar, der andere nach China, wofür Longfellow hier wie auch sonst stets den alten Namen Cathay gebraucht, und ein dritter eilte hinaus auf das Schlachtfeld. Die angsterfüllte Mutter liest mit beklommenem Herzen in den Zeitungen die Berichte von Schiffbrüchen auf fernen Meeren und von Schlachtfeldern, wo Tausende verbluten, um Einen zum berühmten Helden zu machen. Zitternd blickt sie nach den Namen, ob sie nicht einen bekannten darunter fände.

Die nächste Scene führt uns die goldne Hochzeit vor. Alle sind jubelnd herbeigeströmt; zahlreiche Kinder lärmen auf der Treppe und am Tische und überall herrscht Glück und Freude.

Dieses Gedicht ist ein echtes Idyllion. Aufregende Scenen, von denen Longfellow überhaupt kein Freund ist, sind gewissenhaft vermieden worden, denn sie paßten ja auch nicht in den Rahmen des glücklichen Bildchens. (Der begabte deutsch=amerikanische Dichter und Uebersetzer F. A. Zündt in Missouri hat von diesem Werke eine Uebertragung veranstaltet und dieselbe mit gegenüberstehendem Originaltexte für Privatcirculation drucken lassen.)

Das Gedicht „Morituri Salutamus" wurde zur fünfzigsten Jahresfeier der Classe von 1825 des Bowdoin College geschrieben und erschien zuerst in Harper's Monthly. Die Feier jener Classe, der unter anderen der Romanschriftsteller Hawthorne, der orthodoxe George B. Cheever und John C. Abbott, der Verfasser der populären Schriften „The mother at home" und „The child at home", angehörten, fand am 7. Juli 1875 statt, und da die wenigen überlebenden Mitglieder sich seit fünfzig Jahren nicht mehr gesehen hatten, so mußten sie einander auf's Neue vorgestellt werden.

Longfellow's Gedicht, das bei dieser Gelegenheit vom Verfasser vorgetragen wurde, ist der feierliche Gesang eines Herzens, das sich mit dem Gedanken an den nahen Tod vertraut gemacht hat. Er sieht die theuren Umgebungen des alten Gymnasiums wieder und befindet sich wieder in den Hallen, in denen so mancher Traum von Ruhm und Glück geträumt wurde. Er erinnert sich der alten geliebten Lehrer, die bereits in das Reich der Schatten gewandert sind, und singt ihren Ruhm, wie Dante, als er im Thal der Todten seinen theuren Lehrer wiederfand. Dann begrüßt er als einer, der zum Tode geht, die Jünglinge, die jetzt da sitzen, wo er früher saß, und denen auch, wie einst ihm, kein Hinderniß der Erde zu groß däucht, um es nicht überwinden zu können. Er sieht, wie einst König Priamus, der von Greisen umringt, auf Troja's Mauern saß, auf die kämpfenden Trojaner und Achäer hinab und fragt: wer wird auf dem Schlachtfelde des Lebens Ajax, Odysseus oder Menelaus sein? Sie sollen sich nun selbst kennen lernen, damit sie wissen, mit welchen Gaben sie am besten glänzen können. Nicht jede Blüthe reift zur Frucht. Minerva warf die selbsterfundene Flöte weg, als sie ihr verzerrtes Gesicht im Bache sah; Marsyas hob sie auf und sein Schicksal machte die Tapfersten erbeben. Doch sei es besser wie Hector in der Schlacht zu fallen, als wie Paris feig zu fliehen.

Dann wendet sich der Dichter an seine wenigen überlebenden Classencollegen. Wo sind die andern? fragt er. „Sie schlafen", dröhnt es aus Gräbern.

Jene fünfzig Jahre kommen ihm wie ebensoviele Foliobände vor, welche die Zeit nach und nach auf das Bücherbrett stellte. Da stehen nun Tragödien und Commödien, Chroniken der Siege und der Niederlagen; manches Blatt zeigt Thränenspuren und hin und wieder findet man auch eine liebliche Landschaft an den Rand gemalt. Doch er will jene Blätter nicht aufschlagen und lieber eine Erzählung aus dem Fabellande mittheilen.

Im Mittelalter stand zu Rom eine Bildsäule, die an dem ausgestreckten Zeigefinger einen Ring mit der Inschrift „Suche hier" trug. Niemand ahnte die Bedeutung derselben. Nun merkte sich einstens ein gelehrter Mönch, wohin am Mittag der Schatten des Fingers fiel, und in der darauf folgenden Nacht grub er an dieser Stelle nach und kam an eine Treppe, die ihn in eine geräumige, vom Strahle eines Edelsteins erleuchtete Halle führte. Diesem gegenüber stand eine eherne Statue mit Pfeil und Bogen und um den Kopf trug sie, gleich einer Krone, die Inschrift gewunden: „Ich bin, was ich bin! Meinem Geschoß entgeht nichts, auch jenes Licht nicht!"

Eine Tafel, mit goldenem Tuche belegt und mit goldenen Tischgeräthen beschwert, stand in der Mitte der Halle, und still und regungslos saßen gewappnete Ritter und schön geschmückte Edeldamen daran, die aber von Stein waren. Als dies der Mönch sah, nahm er, von Habsucht getrieben, ein goldenes Messer vom Tisch; aber da sprangen auf einmal die Gäste von ihren Sitzen auf, und der Schütze zerschellte den Lichtjuwel mit seinem Pfeile. Erstarrt lag der unglückliche Mönch am Boden.

Aber der Chronist hat seiner Parabel auch eine Erklärung beigegeben. Die Bildsäule, deren Hand nach dem Golde zeigt, ist das Mißgeschick; unsere Begierden sind die Treppe, die uns immer tiefer führt; der Schütze ist der Tod und das Licht das Leben; Becher und Messer sind die irdischen Güter; die Ritter und Edeldamen sind Gestalten, die durch Geiz und Habsucht zu Stein geworden sind, und der Mönch ist der Gelehrte, welcher der Liebe zum Golde sein besseres Selbst geopfert hat. Der Weise und die Welt, die Liebe zur Wissenschaft, die sich selbst genügt, und die Schacherei und Gewinnsucht auf dem Markte, das sind die beiden ewigen Gegensätze. „Doch warum erzähle ich dies?" fragt der Dichter; „kommt die Nutzanwendung nicht für Viele zu spät? Nichts ist zu spät, so lange das milde Herz nicht stille steht. Cato lernte in seinem achtzigsten Jahre Griechisch, Sophokles schrieb in demselben Alter seinen „Oedipus" und Goethe vollendete seinen „Faust" erst nach seinem achtzigsten Lebensjahre. Doch das Greisenalter ist die Dämmerung und nicht der Mittag; es ist nicht Kraft, sondern Schwäche, auch nicht das verzehrende Feuer, sondern nur die heiße Asche, auf der zuweilen ein Funke aufglüht, der zwar ein wenig wärmt, aber nicht brennt."

„Noch", fügt der Dichter tröstend hinzu, „sind wir fähig zur Arbeit; selbst der älteste Baum kann noch Früchte tragen. Auch fehlt es nicht an Gelegenheit, unsere Kraft zu zeigen und verdrängt zuletzt die Nacht das Zwielicht, dann sehen wir die Sterne, die uns am Tage unsichtbar waren."

Dies eine kurze Uebersicht des Inhaltes jener großartigen Schöpfung. „Morituri Salutamus" ist unstreitig das bedeutendste Gedicht Longfellow's; nur mit Wehmuth kann man es lesen, denn der Gedanke, daß es gleichsam sein Schwanengesang ist, drängt sich uns bei jeder Zeile auf. Es ist gleich der Abendsonne, die vor ihrem Untergange die Erde zum Abschied noch einmal feierlich überstrahlt. (Eine sehr gelungene Uebersetzung gab 1878 Dr. Ernst Schmidt zu Chicago in Pamphletform heraus.)

Der vierte „Flug der Zugvögel", welcher sich ferner in jenem Bande befindet, enthält einige niedliche lyrische Nippsachen und mehrere Landschaftsbilder, die er wahrscheinlich entwarf, um sie seinem Sammelwerke „Poems of Places" einverleiben zu können. Auch hat er dem Staatsmann und Befürworter der Negerfreiheit, Charles Sumner, ein poetisches Denkmal gesetzt.

Die dann folgende Sonette, — eine Versart, die Longfellow sehr geschickt behandelt und die auch bei dem englischen Publicum sich größerer Beliebtheit als bei dem deutschen erfreut — sind theilweise philosophischen und theilweise klagenden Inhaltes; auch bringt er darin den Dichterheroen Chaucer, Shakespeare, Milton u. s. w. seinen Tribut der Hochachtung. Dem Sonette „Die alte Brücke von Florenz" hat er, was der Curiosität wegen erwähnt werden darf, eine metrische italienische Uebersetzung beigefügt.

„Man wirke so lange es Tag ist" scheint das allerdings in etwas anderer Sprache in „Morituri Salutamus" ausgedrückte Prinzip Longfellow's zu sein. Trotzdem er nach der Veröffent= lichung von „Pandora" zwanzig Bände von den „Poems of Places" herausgab, so ließen doch die in den hervorragendsten amerikani= schen Monatsheften erschienenen Gedichte darauf schließen, daß er über kurz oder lang wieder mit einem Bändchen vor das Publikum treten würde. Ein solches liegt nun unter dem Titel „Keramos and other Poems" (1878) vor. Erstgenanntes Gedicht, das die in Amerika in neuerer Zeit mit Vorliebe gepflegte Keramentik verherrlicht, ist allem Anscheine nach auf die Bestellung eines New Yorker Verlagshauses hin geschrieben, denn es trägt alle Spuren eines Gelegenheitsgedichtes an sich. Longfellow zeigt uns einen Töpfer, der sich wie Johann, der muntre Seifensieder, seine Arbeit durch Singen versüßt. Während des Singens aber läßt der Dichter seiner Fantasie die Zügel schießen und sich in die Länder Asiens und Europas tragen, um Gelegenheit zu haben, den dortigen Er= zeugnissen der Töpferei und der damit verwandten Kunstgattungen einige wohlfeile Schmeicheleien zu sagen. Einige Verse des ein= geflochtenen Töpferliedes sind tief empfunden und von melodischem Flusse; der Kern des Gedichtes ist jedoch seicht und theilweise gänz= lich ungenießbar.

Auch den „Zugvögeln" scheinen auf ihrem fünften Fluge die Fittige erlahmt zu sein. — Das Gedicht „Vittoria Colonna" bezieht sich auf eine italienische Dichterin des Mittelalters, die die Muße ihres Wittwenstandes dazu benutzte, ihrem in der Schlacht gefallenen Gatten, dem Marchese bi Pescara, einige Trauerlieder nachzusingen, die in der italienischen Literatur denselben Rang einnehmen, wie die „Coplas de Manrique" in der spanischen.

„The Emperor's Glove" beruht auf dem Wortspiele Ghent und Gant, und das Gedicht „die heiligen drei Könige" hätte selbst der mittelmäßigste Reimer fertig gebracht. Goethe, der denselben Stoff ebenfalls behandelte, verstand doch wenigstens ihn durch ziemlich derben Sarkasmus genießbar zu machen; Longfellow hingegen lieferte auch weiter nichts, als eine gereimte, prosaische und unendlich langweilige Umarbeitung der biblischen Weihnachtssage.

Auch in die Verherrlichung des Czaaren, wegen seiner angeblichen Befreiung der Christen in der Türkei, dürften nur Wenige mit einstimmen. Unter den Sonetten befinden sich einige, welche als duftende Blüthen im Ruhmeskranze des Dichters strahlen und die den nüchternen Leser daran erinnern, daß sie doch von einem Poeten ersten Ranges ausgehen. Die Schlußabtheilung besteht aus Uebersetzungen aus Virgil und Ovid, einigen französischen und deutschen Liedern und einigen Sonetten Michel Angelo's, des Freundes der Vittoria Colonna.

* * *

Nachdem wir somit eine Uebersicht des Inhalts der lyrischen Gedichte Longfellow's geliefert haben, können wir zum kurzen Schlußresumé übergehen. Wenn Ticknor im zweiten Bande der, nach seinem Tode erschienenen Memoiren, Longfellow „a most amiable and agreeable person, of whom we are all very fond" nennt, so gilt dasselbe auch von seinen Werken. Ein Grund seiner großen Popularität ist vor allen Dingen in dem Umstande zu suchen, daß seine Muse stets eine keusche, züchtige Jungfrau ist, die niemals die neu-teische Leyer in den Arm nahm. Dem Spott, Sarkasmus und Zorn, die doch nach Shakespeare's Aeußerung auch ein Recht haben, gebührenden Ausdruck zu verleihen, hat er, um Anstoß nach der einen oder anderen Seite hin zu vermeiden, stets gewissenhaft vermieden, auch wenn die Gelegenheit dafür noch so günstig war. Nicht allein im Privatleben, sondern auch in der Schriftstellerei hat er das in Amerika aus praktischen Gründen so werthgeschätzte Prinzip der Allerwelts-Freundschaft mit Berechnung und Erfolg cultivirt. Seine Sklavenlieder kann jeder südliche Baron lesen, ohne ihm gram zu werden, und seine religiösen Ansichten können ihrer toleranten Färbung wegen, entweder nur bei extrem orthodoxen Protestanten Bedenken erregen, oder infolge der Stoffe, an denen er sie zum Ausdruck bringt, einem Katholiken die Idee beibringen, der Autor habe sich doch, wenn er consequent sein wollte, schon längst in den Schoß der unfehlbaren Kirche flüchten müssen. Doch die Polemik in religiösen Dingen hält er für eine Profanation derselben; „Friede auf Erden und den Menschen ein Wohlgefallen" ist das Motto seines Dichtens und Trachtens. Der unbefangene Leser aber wird hier mit Göthe denken:

„Ich habe nichts gegen die Frömmigkeit,
Sie ist zugleich Bequemlichkeit."

Longfellow ist vorzugsweise Romantiker, der sich aus dem Diesseits in's Jenseits zu flüchten sucht. Die Individualität ist ihm das Höchste und wenn er, wie die deutschen Repräsentanten der romantischen Schule, gern Themen katholisirender Tendenz wählt, so ist er doch im Herzen Protestant geblieben. Weder Mystik, noch die Schicksalsidee haben seinen Geist umnachtet. Auch theilt er mit jener Schule den Patriotismus und das Streben nach einer Weltliteratur, der er durch sein Schaffen nun selbst angehört.

Er ist ein ächter Dichter der Empfindung und des idealen Strebens; seine Lyrik ist sein subjektives Glauben, Hoffen und Lieben. Seine Gedanken athmet er in Liedern aus, wie die Blume den von der Sonne erzeugten Duft ausströmt. Durch seine schlichte Tiefe und Innerlichkeit und durch die Schwermuth, die gern bei dem unabwendbaren Tode verweilt, erinnert er lebhaft an Justinus Kerner, ohne jedoch dessen liebenswürdigen Humor als versöhnende Beigabe zu besitzen. Mit Uhland hat er die unschuldige Freude am sinnigen Naturleben und an den Märchen und Sagen der Vorzeit gemein. Er hört die Bäume singen, die Sonnenstrahlen klingen und die Blüthen sprechen.

Er liest in der Natur, wie Lavater in Gesichtern. Seine Landschaften sind nicht düster und erstorben, obgleich er manchmal den Schatten eines Abgeschiedenen über sie gleiten läßt. An hochpoetischen Vergleichen ist er sehr reich. Wenn die Finsterniß der Morgenröthe weicht, so steht die Erde vor ihm, wie eine Wittwe, die ihren Trauerschleier abgeworfen hat. Mit ihren silbernen Strömen und bleiernen Nebeln ist sie ein mit Silber eingefaßter Schild und der den Schornsteinen entspringende Rauch ist eine Gespensterschaar, die in der Luft verschwindet. Die Blumen nennt er die Sterne der Erde, da sie ihm dasselbe mit den Sternen des Himmels offenbaren. Der Ocean ist ihm ein Greis mit feurigem, schwer zu controllirendem Jünglingsherzen, das nie zur Ruhe kommt; mit dem Wogen der Brust hebt sich zitternd sein weißer Bart, der Wellenschaum. Das Leuchthaus erinnert ihn an St Christoph, der über das Wasser schreitet, um die Seeleute zu retten. Frohe Kinder sind ihm lebendige Gedichte, gegen die alle Balladen, die jemals gesungen und gesagt wurden, klanglos verhallen. Den bleichen Mond vergleicht er mit einer schönen Heiligen, die mit nackten Füßen über die heißen Gestirne schreitet, um die Feuerprobe ihrer Reinheit und Heiligkeit abzulegen.

Er liefert auch prächtige Mondscheinlieder, ohne jedoch ein eigentlicher Mondscheindichter zu sein. Gottschall sagt, ein Lyriker, der kein Trink- und Liebeslied geschrieben hat, gehört in ein Curiositäten-Cabinet. Doch Longfellow gedenkt der Liebe nur selten, und wo er es thut, da geschieht es in Trauertönen und seine Verherrlichung des Catawba-Weines kommt sicherlich mehr auf Rechnung seines unverfälschten Patriotismus, den er überhaupt gern zur Schau trägt, als auf die der Güte des Getränkes.

Von der Kriegsmusik in der Poesie ist er ein abgesagter Feind; er liebt die Lieder, die aus dem Herzen kommen, wie die Thränen unter den Augenlidern hervorquellen. Seine Muse hat den Duft des Morgens in den Locken und ihr Gesicht ist vom Geisterhauch aus romantischen Felsenruinen angeweht.

Wohin er sieht, sieht er mit dem Auge des Dichters und die Landschaft nimmt stets den Ausdruck seiner Stimmung an. Sein Ausdruck ist stets kurz und treffend und das Metrum stets mit bewunderungswürdigem Feingefühl gewählt. Die zahlreich eingestreuten Alliterationen, die kurzen wirkungsvollen Sentenzen, die zu geflügelten Worten geworden sind, und die stets bevorzugten Ausdrücke angelsächsischen Ursprungs, heimeln uns gleich auf den ersten Blick so an, daß wir die gerufenen Geister nicht mehr los werden. Besondere Originalität wird man bei Longfellow vergeblich suchen, wenn man sie nicht in seiner bezaubernden Gemüthstiefe erblicken will. Auch ist er kein Titanengeist, der da mit Göttern und Riesen kämpft, um seinen welterschütternden Gedanken Bahn zu brechen; er giebt sich zufrieden mit einem Traume und zwar mit einem Traume von einem Zukunftsreiche der Liebe und Toleranz.

Aus seinen letzteren Gedichten weht uns der Geruch des Grabes entgegen. Der Gedanke, daß er nun bald von der süßen Gewohnheit des Daseins scheiden müsse, verläßt ihn nicht mehr und wie Matthisson kann er keine Glocke mehr tönen hören, ohne sich sein letztes Stündlein zu vergegenwärtigen. Die Tage des „Excelsior" sind vorbei und die des „Morituri Salutamus" gekommen.

Idyllen.

Als Wilhelm von Humboldt zuerst die Idee faßte, seine Ansichten über Kunst und Dichtung in einer besonderen Schrift niederzulegen, hatte er dabei den Nebengedanken, daß Vossens „Louise" seinen Erörterungen zur Basis und Illustration dienen sollte; als er jedoch die Bekanntschaft Goethe's machte und die ersten Gesänge aus „Hermann und Dorothea" aus dessen eigenem Munde vernahm, da wurde ihm erst die bisher nur geahnte innere Verwandschaft des griechischen und deutschen Volksgeistes klar und mit der Ausarbeitung und Vollendung jener Idylle, bei der er insofern betheiligt war, als ihn Goethe häufig, wenn er in Bezug auf die Metrik nicht im Klaren war, um Rath fragte, reisten auch seine Ansichten; er brauchte einfach nur „Hermann und Dorothea" zu analysiren und er hatte für jedes ästhetische Motiv einen sichern Anhaltspunkt. Goethe's Idylle, die hauptsächlich durch ihre schlichte Einfachheit wirkte, erinnert durch den ruhigen Gang der Handlung und den befriedigenden Abschluß mehr als ein anderes modernes Gedicht an die classischen Idyllen Roms und Griechenlands und doch sind Inhalt und Charakterzeichnung so kerndeutsch, wie wir sie nur selten bei irgend einem deutschen Dichter finden.

Die handelnden Personen sind natürlich; ihre Charaktere sind schon beim ersten Auftreten so treu gezeichnet, daß sie sich in den sich entwickelten Ereignissen unbedingt nicht anders benehmen können als sie faktisch thun; es ist Klarheit und Ungezwungenheit überall. Goethe sagte daher auch, er hätte sogar in seinem hohen Alter dies Gedicht nicht ohne Rührung lesen können. Die Handlung schreitet naturgemäß voran; sie ist durch keine langweilige Beschreibung oder moralische Ergüsse wie bei Voß gehemmt; das schwülstige und Unwahre der Geßner'schen Idyllen ist glücklich vermieden und durch diesen Geist der Behandlung erhebt sich, wie der Aesthetiker Vischer treffend bemerkt, die Idylle zur Würde des

Epos. Ihr Hintergrund ist hier freilich auch ein epischer; aus der Geschichte der Vertreibung der Salzburger Protestanten ist das reizende Idyllion ausgezogen und in die Zeit der französischen Revolution verlegt worden, um uns inmitten der politischen Umwälzungen ein ländliches, glückliches Stillleben vorzuführen. Wir haben also keine Helden des Krieges, sondern kernige, eigenartige Landleute von ausgeprägter Individualität, die ihr Glück nicht in Ehre und Ruhm, sondern in der Ruhe der Häuslichkeit suchen, vor uns — mit einem Wort, wir haben ein ächtes Idyllion oder Bildchen. Es ist ein Gedicht für Hohe und Niedrige und zwar, weil es im edelsten Sinne populär gehalten ist; seit dem Erscheinen des „Werther" fand keines der Goethe'schen Werke eine solche Verbreitung; ja „Hermann und Dorothea" ward sogar, wie die Volksbücher, auf Löschpupier gedruckt und dadurch selbst dem Unbemitteltesten zugänglich gemacht. Als Muster der modernen Idylle hat jenes Werk auch befruchtend auf die gesammte Literatur gewirkt und zu Gedichten Veranlassung gegeben, denen, wenn sie auch dem Orginale nicht ebenbürtig an die Seite gestellt werden können, ein gewisser Werth keineswegs abgesprochen werden kann. Das populärste, jenem Einflusse entsprungene Gedicht ist unstreitig Longfellow's 1847 erschienene „Evangeline". Eine Erzählung aus Acadien. Man hat sie häufig eine Nachahmung von „Hermann und Dorothea" genannt, wie man denn überhaupt Longfellow gern die Originalität streitig macht. Unstreitig finden wir in seinen lyrischen Gedichten zahlreiche Anklänge an bekannte deutsche Lieder; unstreitig diente ihm Schiller's „Glocke" als Muster zu seinem „Building of the Ship"; unstreitig wird man beim Lesen des „Hiawatha" an die finnische „Kalewala" erinnert; aber wenn wir von demselben Standpunkte aus unsere sämmtlichen Classiker betrachten und sehen, wie ein Werk sozusagen aus einem früheren hervorgegangen ist, so müssen wir unwillkürlich fragen: Gibt's denn überhaupt Originaldichter? Was ist Originalität?

Der altenglische Dichter Chaucer sagt in dieser Beziehung sehr richtig:

„Out of the olde fields, as man saithe,
Cometh all this new corn fro year to year;
And out of olde books, in good faithe,
Cometh all this newe science that men lere."

Liebe, Haß und überhaupt sämmtliche Laster und Regungen des menschlichen Herzens sind so alt wie das Geschlecht der Menschen; die Themen der Dichter bleiben also immer dieselben und nur die Combinationen variiren. Wenn wir also unter Originalität die Erfindung eines Etwas verstehen, das vorher in irgend einer Form unbekannt war, also eines Etwas, das absolut neu ist, so scheint es uns eine schwere Aufgabe zu sein, überhaupt an Originalität zu glauben, wenn wir uns nicht in die Dunkelheit der vorhistorischen Zeiten flüchten wollen. Geistiges Schaffen ist überhaupt undenkbar, ohne daß das Gedächtniß vorher gewisse Thatsachen aufgenommen hat, aus denen die Ideen entspringen. Wenn wir daher unter Originalität das neue Beleben und Combiniren längst existirender Stoffe erblicken, so sind die Autoren der Jetztzeit so ursprünglich, wie nur jemals. Landor erwiederte den Schriftstellern, welche Shakespeare des Plagiates beschuldigten: „Er war originaler als seine Originale. Er hauchte todte Körper an und brachte sie zum Leben zurück." Als Moliere desselben „Verbrechens" angeklagt war, gab er den haarspaltenden Kritikern, denen die Gelegenheit, der Welt von ihrer „erstaunlichen" Belesenheit Zeugniß ablegen zu können, eine höchst erwünschte war, die Worte: „Je reprends mon bien où je le trouve" — Ich entdecke mein Eigenthum, wo ich es nur finde — zur Antwort und zeigte dadurch, daß er es wohl verstand, sein Verfahren vom vulgären Plagiat zu unterscheiden.

Die allgemeine Literatur ist so überreich an ähnlichen Gedanken, Ausdrücken und Sujets, ja manche Bilder und Motive ergeben sich so leicht von selber, — und sind so ungesucht, daß jeder ächte Dichter unwillkürlich darauf kommen muß, ohne daß man bei ihm nöthig hat, irgend ein ihm vielleicht unbekanntes Vorbild vorauszusetzen. Die römische Literatur müßte alsdann als ein unverschämtes, an der griechischen begangenes Plagiat bezeichnet werden; wer erkennt nicht gleich auf den ersten Blick in Virgil's „Aenëide" sein hellenisches Vorbild und wie viele Verse des Horaz erscheinen uns nicht als eine freie Bearbeitung eines griechischen „Originals?"

Um jene literarischen Scharfrichter zu persifliren, pflegte Friedrich August Wolf, wenn er beim Erklären des Tacitus an die Stelle kam, die von einem wiehernden, durch das Lager sprengenden Pferde erzählt, seine Hörer zu erinnern, daß auch einmal bei Xenophon ein Esel schreit und setzte hinzu: „Dies Pferd scheint den Xenophonischen Esel vor Augen gehabt zu haben!"

Ja, die Frage, wo finden wir eine absolute Originalität? ist eine gänzlich müßige. Die Hauptmotive des deutschen National=epos, des Nibelungenliedes, finden wir in der Edda, und doch können die modernen Umdichter jener Tage, wie Geibel, Jordan u. s. w. für ihre darauf basirenden Schöpfungen das Prädikat „original" beanspruchen: Chaucer machte bei der Abfassung seiner Canterbury Geschichten starke Anleihen bei Boccacio und den provencalischen Dichtern und doch gilt er nicht mit Unrecht als der Vater der englischen Poesie. Byron bediente sich der Gedanken Anderer, wo sie ihm nur paßten und erklärte alle Prätensionen, strikt original zu sein, für lächerlich. Bürger's Gedicht „Der Kaiser und der Abt" ist eine beinahe wörtliche Uebersetzung des alt=englischen „King John and the Abbot of Canterbury"; Herder's „Cid" ist nicht nach einem spanischen, sondern nach einem französischen Originale bearbeitet, und Milton's „Paradise lost" veranlaßte Klopstocks „Messiade".

Doch lasset uns nun zu Longfellow's „Evangeline" zurück=kehren, und nachdem wir ihren Inhalt betrachtet haben, sehen, in welchem Verhältniß sie zu „Hermann und Dorothea" steht.

Der Dichter führt uns in der amerikanischen Colonialzeit in ein canadisches Dorf mit Strohdächern und weit vorstehenden Hausgiebeln, das von fleißigen Franzosen bewohnt ist. Als der reichste Farmer wird uns Benedikt Bellefontaine vorgestellt; derselbe, ein Wittwer, ist Vater der 17=jährigen Evangeline, deren Aussehen an Werk= und Sonntagen mit großer Ausführlichkeit geschildert wird. Bräutigam derselben ist Gabriel Lajeunesse, der Sohn des Dorfschmiedes. Außerdem lernen wir noch den katho=lischen Priester des Dörfchens kennen, der, wie es sich in einer Idylle von selbst versteht, einen wohlthätigen Einfluß auf seine Schutzbefohlenen ausübt und infolge dessen sich großer Popularität erfreut.

Nachdem nun Longfellow dem Herbstwetter und den auf alten Bauernregeln basirten Anzeigen eines baldigen und strengen Winters ausführlich Rechnung getragen und Bellefontaine's häus=

licher Einrichtung eine minutiöse Beschreibung gewidmet hat, läßt er die Schwiegerväter im Hause der Braut zum Gespräche zusammen kommen. Lajeunesse nimmt seinen gewohnten Platz am Kamin ein, der ohne ihn stets leer bleibt; Evangeline bringt ihm die Pfeife und bald glänzt sein joviales Gesicht im Tabacksqualme, wie der Mond zur Erndtezeit im Nebel der Wiesen.

Nun erzählt er, daß seit vier Tagen englische Kriegsschiffe im Hafen lägen und ihre Kanonen gegen das Dörfchen gerichtet seien; außerdem sollten morgen in der Kirche die Gesetze des englischen Monarchen proklamirt werden. Der optimistische Farmer sieht in diesen Nachrichten jedoch nichts Beängstigendes und meint, jene Schiffe seien wohl hergesandt worden, um Feldfrüchte für England zu kaufen. Aber der Schmied läßt sich mit solchen Redensarten nicht beschwichtigen und führt zur Bekräftigung seiner Befürchtungen noch an, daß den Leuten bereits die Waffen abverlangt worden seien. Nun, meint der Farmer, ohne Waffen sind wir sicherer, als unsere Väter in den Forts, umgeben von feindlichen Kanonen. Während nun der inzwischen eingetretene Notar, dem ebenfalls ein sehr detaillirtes Signalement des Körpers und Geistes gewidmet ist, und der uns als Märchenerzähler und Vater von zwanzig Kindern vorgeführt wird, den Verlobungspact zwischen Gabriel und Evangeline aufgesetzt hat, wird fleißig nußbraunes Ale getrunken — Whittier hätte sie entweder Wasser oder verwässerten Apfelwein trinken lassen — und die Liebenden unterhalten sich auf ihre Weise in einer stillen Ecke bis die Thurmuhr neun schlägt und sich Jeder zum Heimgange anschickt. Der Dichter begleitet Evangeline in's Schlafzimmer und zeigt sie uns, wie sie im Mondschein baarfuß auf den glänzenden Dielen ihres Zimmers steht, wobei er nochmals auf ihre Schönheit aufmerksam macht und auch die gewebten Wollenstoffe beschreibt, die sie ihrem Bräutigam in den Haushalt bringen will.

Im nächsten (vierten) Gesang führt uns der Dichter das Landvolk im Sonntagsschmucke vor; die Verlobung wird öffentlich gefeiert und während nun munter gesungen und getanzt wird, und der Verfasser „um Mißverständnisse zu vermeiden", nochmals darauf aufmerksam gemacht hat, daß Evangeline die Schönste von Allen ist, bringt die englische Wache in die Kirche und erklärt den daselbst anwesenden Gemeindemitgliedern, daß sie gefangen seien, und ihre Ländereien, ihr Vieh, überhaupt ihre gesammte Habe von nun an der englischen Krone gehöre.

„Und ihr selber seid fort in andre Länder zu bringen, —
Geb' der allmächtige Gott, daß dort ihr auf immer als treue
Untergebene lebt — ein glücklich zufriedenes Völkchen!
Und nach des Königs Befehl erklär' ich euch als Gefangene!....
Wie bei heiterer Luft in schwülen Tagen des Sommers
Plötzlich ein Sturm sich erhebt und eif'ger, vernichtender Hagel
In die Kornfelder fällt und wild die Fenster zerschmettert
Und die Sonne verhüllt, umher die Strohdächer streuet,
Blöckend die Schafheerde flieht und droht zu zerbrechen die Hürde:
So in die Herzen des Volks fiel nieder des Obersten Rede.
Einen Augenblick stand die Menge lautlos, dann hört' man
Laut und lauter das Zornesgeschrei und lautes Geklage —
Alle stürzten zugleich dem Ausgang in größester Wuth zu —
Doch der Versuch war umsonst. Verwünschungen gellten im Bethaus.
Ueber Alle hervor, empor die Arme gehoben,
Ragte des Grobschmieds Gestalt wie ein Sparren auf stürmischem Meere.
Zornroth war sein Gesicht und wild ertönte sein Ausruf:
„Nieder mit Englands Tyrann, dem Treue wir niemals geschworen!
Tod dem Söldnergezücht, den Räubern unserer Heimath!"

Als Antwort wird er von einem Soldaten mit einem derben Faustschlag niedergestreckt. Auch Vater Felician's, vom Altar aus gehaltene Versöhnungsrede ist nicht geeignet, seine Leute vor der Gefangenschaft zu bewahren. Am Abend geht Evangeline in die Nähe der Kirche und ruft in ihrer Verzweiflung nach Gabriel; da sie jedoch aus der Kirche so wenig eine Antwort, wie aus den umliegenden Gräbern erhält, geht sie wieder traurig nach Hause und sucht sich mit religiösen Trostgründen zu beruhigen.

Vier Tage darnach müssen die acadischen Frauen ihre Habseligkeiten an's Ufer schaffen und werden dann in Böten auf die größeren Schiffe gebracht. Am Nachmittage des fünften Tages wird die Kirchthüre geöffnet und die Gefangenen marschiren singend, um ihr Leid zu vergessen, dem Ufer zu.

„Schweigend auf halbem Weg harrt' ruhig die Evangeline,
Stark in der Stunde des Leides und unüberwunden vom Kummer,
Stand betrübt sie und still, bis näher der singende Zug kam,
Und sie Gabriel sah, erblaßt vor Gram, und es wurde
Thränennaß ihr Gesicht, sie eilte hin zum Geliebten,
Faßt' seine Hände und legt' den Kopf auf die Schultern ihm, flüsternd:
„Gabriel! Faße doch Muth! Denn sieh', wenn wir innig uns lieben,
Kann kein Mißgeschick uns beängstigen — wie es auch komme!"

Lächelnd redet' sie dies; doch plötzlich verstummt' sie, denn langsam
Schlich ihr Vater heran. Allmächtiger! Welche Veränderung!
Fort sein Wangenroth war und das Feuer des Auges; beschwerlich
Schien sein Tritt vom Gewicht des kummerbeladenen Herzens.
Aber lächelnd umfaßt' sie unter Seufzen den Hals ihm;
Schmeichelnd liebkoste sie ihn, da Worte des Trostes nichts halfen.
So bewegte der Zug sich hin nach Gasperean's Hafen."

Beim Einschiffen geht's bunt durch einander. Gabriel und sein Vater werden gewaltsam auf ein Schiff geschleppt, während Evangeline und Andere die Nacht am Ufer zubringen. Indem nun dort der alte Geistliche die Leute zu beruhigen sucht, bemerken sie, daß ihr geliebtes Dorf in hellen Flammen steht. Evangeline wirft einen Blick auf ihren alten Vater; doch derselbe erwiedert ihn nicht; — er hat das Zeitliche gesegnet und die brennenden Häuser seiner Heimath dienen als Fackeln zu seinem Begräbnisse. Am folgenden Morgen wird der Rest der Gefangenen eingeschifft.

Zwischen dem ersten und dem nun beginnenden zweiten Theile der Idylle liegen mehrere Jahre. Die Vertriebenen sind in den englischen Colonien zerstreut und Evangeline befindet sich immer noch auf der Suche nach Gabriel. Es ist ihr inzwischen manchmal gerathen worden, einem anderen Jünglinge die Hand zu reichen, da sie zu schön sei, um als alte Jungfer zu sterben; doch sie bleibt ihrer alten Liebe treu.

Maimond war es. Den Fluß, den prächt'gen hinunter, dem Ufer
Des Ohio vorbei und vorbei an der Mündung des Wabash,
Auf dem goldenen Strom des Mississippi schwamm langsam
Und beschwerlich ein Boot, geführt von acadischen Rud'rern,
Einer Schaar der Verbannten, ein Stück des gestrandeten Volkes.
Längs der Küste zerstreut durch Glauben und Unglück verbunden.
Schwammen gemeinsam sie nun dahin, geführt von der Hoffnung,
Oder von einem Gerücht, die Männer und Frauen und Kinder
Suchend, dem Ufer entlang bei den armen acadischen Farmern,
In den prächtigen Thälern Opelousas nach Freund' und Verwandten.
Evangeline auch zog mit ihnen und Vater Felician.
Ueber gesunkenen Sand hinweg durch den düsteren Urwald
Glitten weiter sie Tag für Tag auf dem reißenden Strome,
Bei dem wärmenden Feuer am Strand verflossen die Nächte.
Durch manch' brausende Furt an grünen Inseln vorüber,
Wo die Baumwollenstaub' mit schattigem Federbusch winkte,
Auf dem Rücken der Strömung, der schnellen, sie eilten, jetzt liefen
In Lagunen sie ein, voll Bänke von silbernem Sande,
Und am Ufer erschien eine mächtige Pelikan-Heerde.

3

Flach die Landschaft sich dehnt; an den niedrigen Ufern des Flusses
Standen in Gärten voll Pracht die stolzen Häuser der Pflanzer.
Näher sie kamen dem Land, wo da herrscht der ewige Sommer,
Wo durch die goldene Küste und Orangen-Haine sich dränget
Weiter nach Osten der Fluß in majestätischer Windung.
Es verloren sich nun die Pilger hin nach Plaguemine
In einem schlammigen Netz, sich behnend nach jeglicher Richtung.
Ueber den Häuptern da schloß die hohe düst're Cypresse
Bogen schattig und kühl, es hingen herab von den Zweigen
Moose, den Bannern wol gleich in altertümlichen Domen.
Nur der Reiher flog in's Nest bei dem Sinken der Sonne,
Unterbrach mit Geschrei die todtenähnliche Stille,
Oder — grüßend den Mond — der Eule dämonisches Lachen.
Lieblich strahlte des Mondes Licht auf die funkelnden Wasser,
Auf die Cypressen herab und Cedern, die Säulen der Wölbung.
Durch die Bogen es strahlt' wie durch Risse alter Ruinen —
Traumgleich erschienen ringsum die Dinge und fremd und verworren;
Es überkam ein Gefühl sie ernster Trauer und Schwermuth,
Seltsamer Ahnungen Druck von noch zu erduldenden Leiden.
Wie beim Traben des Hufs der Pferde auf mooriger Steppe
Lang' im Voraus sich schließt das zarte Blatt der Mimose,
Also schließt sich das Herz vor dem Hufschlag des kommenden Schicksals.
Offen doch hielt das Herz der Evangeline ein Traumbild,
Das vor den Augen ihr schwamm und winkte im traulichen Mondlicht:
Eine Zaubergestalt vom eig'nen Gehirne erschaffen.
Dieses schaltige Dach hatt' Gabriel sicher durchrudert —
Jeder Ruderschlag bracht' sie näher und näher dem Liebsten.

  Gabriel war also vorbeigefahren und kein Engel hatte die Hoffende erweckt. Sie glaubte ihn in Louisiana zu finden, doch sie fand nur seinen Vater daselbst, der mit den neuen Verhältnissen recht zufrieden war; Holz sei genug da, Land könne sich Jeder nach Belieben auswählen und in einer Nacht wachse darauf mehr Gras, als in Acadien während des ganzen Sommers. Gabriel war nach dem Norden auf die Jagd gegangen und sollte im Herbste wiederkommen. Aber Herbst und Winter gingen vorüber, ohne daß er kam.

  Heiter blühte der Lenz; des Blauvogels Lied und der Rothbrust
Tönte lieblich in Wald und Feld; doch Gabriel kam nicht.
Aber es kam ein Gerücht, von Sommerlüften getragen,
Süßer als Vogelgesang und Düfte und Farben der Blüthen.
Fern im Nordost — so hieß es — befinde sich Gabriels Lager
An dem Saginaw-Fluß in Michigan's dunkelen Wäldern.
D'rauf das Mädchen verließ das gastliche Dörfchen und eilte

Mit den Führern zurück, die die nördlichen Seen erforschten.
Als auf beschwerlichem Weg, nach langen, gefährlichen Märschen
Sie in die Tiefen des Waldes nach Michigan endlich gelangt war,
Fand sie des Jägers Zelt in Trümmern, öd' und verlassen! ...

Also flohen die Jahre. Evangeline ist zuletzt mit andern Unglücklichen in die Stadt Penn's, wo das „Du" und „Dich" der Quäker so lieblich ertönt, gekommen, und wir finden sie während einer Seuche als barmherzige Schwester in einem Hospitale.

Plötzlich stand sie nun still, gebannt von Furcht und Erstaunen,
Und es zitterten ihr die bleichen Lippen; ein Schauder
Zuckte durch ihre Gestalt, der Hand entsanken die Blumen,
Und von Wang' und Aug' wich plötzlich der heitere Morgen.
Ihren Lippen entfuhr ein Schrei der Angst so entsetzlich,
Daß auf einmal vom Streu die Sterbenden stumm sich erhoben.
Vor ihr ausgestreckt lag ein alter Mann auf dem Lager,
Und es hingen die Locken ihm dünn und grau um die Schläfe,
Aber wie er so lag im Morgenlichte, da schien sein
Antlitz zum letzten Mal noch von Jugendfrische zu strahlen,
Wie sie gewöhnlich erblüht dem Kranken vor Ankunft des Todes.
Gluthroth brannt' und schmerzt' auf seinen Lippen das Fieber,
Als ob das Leben, wie einst bei den Juden, die Thüre besprenkelt
Mit seinem Blute, auf daß der Engel des Todes vorbeigeh'.
Ohne Besinnung er lag, sein scheidender Geist schien zu sinken
Still auf immerdar hin in die Nacht des Schlummers und Todes.
Halb schon dem Leben entfloh'n erklangen ihm Töne des Schmerzes,
Und es flüstert ein Mund in zartem himmlischen Tone:
„Gabriel, Geliebter!" und dann verhallte leise die Stimme.
Und noch einmal erblickt er im Traume die Heimat der Kindheit,
Sah Acadiens Flur mit ihren Hainen und Flüssen,
Dorf und Berg und Gehölz und sah im Schatten dort wandeln
Hold und reizend im Glanz der Jugend Evangeline.
Thränen füllten d'rauf ihm die Augen und als er sie aufschlug,
War die Erscheinung dahin; am Bette kniet Evangeline.
Und vergebens versucht er zu flüstern den Namen der Liebsten;
Doch die Lippen verriethen das Wort, das sprechen er wollte,
Quälte vergebens sich ab, sich aufzurichten; das Mädchen
Küßte den sterbenden Mund und legte ihr Haupt auf die Brust ihm.
Milde strahlte sein Blick, doch plötzlich versank er in Dunkel,
Wie wenn die Kerze verlöscht ein stürmischer Luftzug vom Fenster. —
Hoffnung, Trübsal und Furcht war Alles jetzt nun geendet,
All' das Leid des Gemüths, das nie befriedigte Sehnen,
Alle Sorge und Qual und alles Elend des Duldens!
Und als noch einmal sie drückt' den leblosen Kopf an den Busen,
Neigt sie in Demuth ihr Haupt und flüsterte: „Vater, ich danke!"

Dies der Inhalt der so beliebten Idylle. Vergleichen wir dieselbe nun etwas eingehender mit „Hermann und Dorothea", so sehen wir in diesem Goethe'schen Gedichte die beiden Hauptpersonen stets wie Individuen geschildert, die sich gegenseitig ergänzen und somit eigentlich nur eine Person bilden; beide sind vom Dichter mit gleicher Vorliebe in ihrer Eigenart behandelt, wohingegen Gabriel in der „Evangeline" eine weniger hervorragende Stellung einnimmt und auf den Gang der an und für sich magern Handlung nur sehr geringen oder gar keinen Einfluß hat. Die Zeichnung seines Charakters ist überhaupt eine sehr blasse und es wird dem Leser schwer, sich für ihn zu begeistern. Wenigstens hat es Longfellow nicht verstanden, ihn in solchem Lichte hinzustellen, um uns für das jahrelange Suchen der duldenden Evangeline eine andere Bezeichnung als das krankhafter Sentimentalität oder Schwärmerei abzunöthigen. Heroischer Charaktere hat jene Idylle überhaupt nur einen aufzuweisen, nämlich den Dorfschmied, dessen kernhaftes, resolutes Wesen von den an optimistischer und frömmelnder Verschwommenheit leidenden übrigen Personen lebhaft absticht. Dem Leser mit wenigen Strichen Figuren von solchem Mark und Bein und mit solcher Naturtreue vorzuführen, so daß wir sie leibhaftig vor uns zu sehen glauben, wie es Göthe so meisterhaft verstand, ist Longfellow nicht möglich gewesen; auch hat sein Werk schon dadurch etwas Monotones, daß darin außer der 17jährigen Evangeline keine andere Frau handelnd auftritt. Eine Mutter, die ihren Sohn mit etwas anzüglichen Worten*) zum Heirathen beredet, hätte allerdings den Longfellow'schen Greisen nicht zugesellt zu werden brauchen; ein ächter Dichter hätte sich da schon zu helfen gewußt. Wir gestehen offen, daß uns die Art und Weise, wie die Wirthin zum „Goldnen Löwen" mit Hermann spricht, stets etwas mißfallen hat, besonders wenn wir dabei an das Alter des Sohnes denken, das wir nach dem Gespräche der Eltern über die Feuersbrunst („Zwanzig Jahre sind's her") anstandshalber auf noch nicht einmal zwanzig Jahre ansetzen dürfen — ein Alter also, in dem deutsche Jünglinge mit dem Heirathen es noch nicht so eilig haben. Im Allgemeinen sind jedoch Göthes Gestalten so trefflich charakterisirt, daß es Einem beim Lesen vorkommt, als sei man denselben schon einmal im Leben wirklich begegnet; bei Long=

---

*) „Daß dir werde die Nacht zur schönen Hälfte des Lebens."

fellow können wir dies nur dem Schmiede nachrühmen. Die sentimentale Trägerin der Titelrolle gehört unstreitig in das Bereich der Unwahrscheinlichkeit. Daß Longfellow übrigens eine gewisse Vorliebe für Dorfschmiede hat, zeigt er auch sonst an mehreren Stellen seiner Werke, besonders aber in seinem Gedichte „The Village Blacksmith". Dorothea ist heroisch im Handeln, wenn auch ihr Muth durch die Erzählung des Richters, nach welcher sie einen räuberischen Soldaten mit seinem eigenen Säbel erschlagen und noch einen ganzen Trupp ähnlicher Helden in die Flucht getrieben, etwas zu stark geschildert ist; sie hält aus im Unglück und verzagt nicht; ja, in ihrer eigenen Bedrängniß leistet sie Andern noch bereitwillig Hilfe. Evangeline ist ebenfalls heroisch, aber nur im Leiden; sie wandert Jahre lang unstät umher und es ist nur zu bedauern, daß Longfellow es nicht verstanden hat, den Leser mehr für den Gegenstand ihres Suchens zu begeistern; welche Eigenschaften Gabriels ein solches Opfer von einem Mädchen rechtfertigen, hätte doch mindestens durch eine seiner Handlungen motivirt werden müssen; die ihm beigelegten Prädikate lassen sich auf jeden anständigen Jüngling ohne Ausnahme anwenden.

Eine komische, den Ernst der Situation etwas mildernde Figur, wie z. B. Göthe's „Apotheker", finden wir in der „Evangeline" nicht; auch würde sie in den Rahmen der acadischen Mähre nicht gut passen. Außerdem hat auch Longfellow nicht die geringste Anlage weder zum gemüthlichen Humor, noch zur feinen Satyre.

Wie nun Göthe in seiner Idylle seine Ansichten über die französische Revolution vorsichtig mittheilt, und so seinem Werke auch noch in politischer Beziehung eine gewisse Tendenz verleiht, trotzdem der ursprüngliche Stoff religiöser Natur ist, so hätte auch Longfellow sein Gedicht markiger und kerniger gestalten können, wenn er in Bezug auf die Schandthaten der Engländer in Neuschottland eine kräftigere Sprache gebraucht hätte. Doch Longfellow vermeidet derartige Ausfälle in seinen Schriften auf das Gewissenhafteste, denn er weiß, es würde seiner ungemein großen Popularität Eintrag thun. In literarischen Dingen befolgt er das seiner ganzen Natur entsprechende Princip der Allerweltsfreundschaft; Juden, Heiden, Türken, Republikaner und Monarchisten können, ohne einen Stein des Anstoßes oder Aergernisses zu finden, seine Werke mit gleicher Befriedigung lesen. Wir glauben, daß wenn Longfellow seinen „Catawba Song" noch einmal zu schreiben hätte, er ihn lieber im Kopfe behielte, trotzdem er selber zwar sein Glas Wein trinkt und sich darin nicht irremachen läßt; aber deshalb von den puritanischen Nichttrinkern Neu-Englands in die Acht erklärt zu werden, paßte ihm nicht in sein Programm.

Longfellow diente zu seiner Idylle ein noch viel dürftigerer Stoff zum Vorwurf, als Göthe für die seinige vorfand. Wir lesen darüber Seite 64 und 65 in dem Werke „Yesterdays with Authors. By James T. Fields" (Boston, 1873) Folgendes:

„Hawthorne aß eines Tages bei Longfellow zu Mittag und hatte einen Freund aus Salem mitgebracht. Jener sagte, als das Mittagessen vorbei war: Ich habe versucht, Hawthorne zu bereden, eine Erzählung zu schreiben, welche auf einer Legende basirt, die sich die Leute heute noch in Acadien erzählen — einer Legende von einem Mädchen, das bei der Vertreibung der Acadier von ihrem Liebsten getrennt ward, und ihr Leben im Suchen und Warten verbrachte, bis sie ihn, als beide alt waren, sterbend in einem Hospitale fand.

Longfellow wunderte sich nun, daß diese Mittheilung das Talent Hawthorne's nicht herausforderte und sagte zu ihm: Wenn Sie diesen Stoff wirklich nicht zu einer Novelle verwenden wollen, überlassen Sie ihn mir für ein Gedicht. Hawthorne war damit einverstanden und versprach ihm, nicht eher eine Geschichte darüber zu schreiben, als bis Longfellow sich überzeugt habe, daß jener Stoff sich für die poetische Bearbeitung nicht eigne."

So haben wir, fährt Fields fort, „Evangeline," ein Gedicht, das bleiben wird, so lange treue Liebe existirt. Hawthorne freute sich über den Erfolg Longfellow's und machte sich ein Vergnügen daraus, die vielen fremden und amerikanischen Auflagen des weltberühmten Gedichtes aufzuzählen.

„Evangeline" erschien im Jahre 1847 und ist unstreitig das populärste Werk Longfellow's. Es hat bis auf den heutigen Tag seinen Platz als Lieblingsbuch behalten, wohingegen das Interesse an dem Epos „Hiawatha" in Amerika auffallend abgenommen hat. *)

---

*) Der Curiosität wegen sei hier bemerkt, daß der Literar-Historiker Rudolf Gottschall auch „Excelsior" zu Longfellow's epischen (!) Gedichten rechnet. Seite 151 (Poetik, Bd. 2) sagt er nämlich in dem Kapitel über die

Was nun den Ausdruck „Auflage" anbelangt, so ist derselbe ein sehr unbestimmter, da in Amerika fast alle Werke stereotypirt werden. Ist der Vorrath erschöpft, so werden die Platten hervorgesucht und neue Exemplare abgezogen. Die Anzahl derselben wird durch das Bedürfniß bestimmt. Nach der Zahl der Auflagen auf den Absatz schließen zu wollen, wäre verkehrt. Die meisten amerikanischen Verleger lassen daher die Bezeichnung „edition" weg, vorausgesetzt, daß nicht eine gänzliche Umarbeitung des Werkes vorliegt; sie ziehen vor, auf dem Titelblatte das so und so vielte Tausend der gedruckten Exemplare anzugeben.

Bei Betrachtung von Longfellov's Idylle „The Courtship of Miles Standish" (Boston, 1858) können wir uns etwas kürzer fassen.

Das Epos beginnt mit einer gelungenen Charakteristik seines eisenfressenden, aber durch und durch ehrlichen und edlen Helden, einer Schilderung seiner Bücher- und Waffensammlung und der Sicherheitsmaßregeln, die er gegen einen etwaigen Ueberfall der Indianer getroffen hat. Da er sich nun trotz seines Sekretärs und Freundes John Alden ziemlich einsam fühlt, so bittet er denselben, der Priscilla, „dem lieblichen Mädchen von Plymouth," in seinem Namen einen Heirathsantrag zu machen. Alden aber, der in jenes Mädchen ebenfalls verliebt ist, geräth in die größte Verlegenheit und behält nur mit Mühe die Fassung. Was er sagen soll, weiß er nicht und zuletzt bittet er den Hauptman, diese Angelegenheit doch lieber selbst in die Hände zu nehmen. Aber jener erklärt, daß er in den herkömmlichen zierlichen Phrasen unbewandert sei, und nicht vor Kugeln und Pfeilen der Feinde, wohl aber vor dem trostlosen „Nein" einer lieblichen Jungfrau zurückschrecke; Alden sei jedoch ein gelehrter Mann, habe viele Romane und zarte Gedichte gelesen, und würde in Bezug auf die Wahl der Worte nicht leicht in Verlegenheit kommen.

---

episch-lyrische Erzählung: „Die transatlantische Welt wurde von Longfellow (Evangeline, Hiawatha, Excelsior, The Courtship of Miles Standish; die letztere Erzählung ist in Hexametern geschrieben) verherrlicht." Wie Gottschall das aus neun vierzeiligen (Refrain abgerechnet) Versen bestehende didactische Gedicht mit den Epen „Hiawatha" u. s. w. zusammenstellen konnte, ist uns unbegreiflich. Außerdem bemerken wir zu jenem Passus, daß nicht allein der „Miles Standish," sondern auch „Evangeline" in Hexametern geschrieben ist.

Zuletzt entschließt sich denn auch Alden zu dieser schweren Aufgabe, und geht langsam und bedächtig dem Hause der Priscilla zu, die er spinnend und ein religiöses Lied singend antrifft. Seinen Antrag bringt er in so plumper Weise vor, daß ihn der Hauptmann unmöglich hätte unbeholfener vorbringen können. Sie fragt ihn darauf, warum Miles Standish nicht selber komme. „Er hat keine Zeit für dergleichen Dinge," erwiedert John Alden. Priscilla kommt dies merkwürdig vor und nachdem sie sich darüber ausgesprochen, erzählt er von den Thaten und dem Kriegsruhm seines Freundes, was die Jungfrau jedoch nicht besonders zu interessiren scheint; worauf ihre Gedanken gerichtet sind, zeigt die sehr deutliche Frage: „Why do you not speak for yourself, John?"

Nun stürmt jener wild fort, und läuft wie ein Besessener am Seeufer umher. Nachdem er wieder zu sich gekommen, geht er zu Miles Standish und erzählt ihm treu und offenherzig, wie es ihm mit seinem Auftrag ergangen. Dieser braust nun auf, nennt ihn einen Verräther und erklärt, daß er in Zukunft nur durch ewigen Haß und unbesiegbare Feindschaft mit ihm in Verbindung bleiben werde. Darauf eilt er fort in den Kriegsrath und läßt die mit Pfeilen gefüllte Klapperschlangenhaut, welche ein Indianer als Krigserklärung gebracht hatte, mit Pulver und Blei füllen und den Absendern zurückschicken. Dann macht er sich kriegsbereit und fährt mit seiner Handvoll Bewaffneter ab.

Nach einigen Wochen trifft die Nachricht ein, daß der Hauptmann im Gefechte mit den Indianern sein Leben verloren habe, und als John Alden der Priscilla dieses mitgetheilt, nimmt er sie in seine Arme und sagt: „Was Gott zusammengefügt hat, das soll der Mensch nicht scheiden!"

Nach der Trauung dieses Paares erscheint plötzlich ein wettergebräunter und bis an die Zähne bewaffneter Mann am Eingange der primitiven Capelle, geht auf John Alden zu, bittet ihn wegen seines barschen Benehmens um Verzeihung, und sagt zum Schluß, Miles Standish sei nie ein größerer Freund von John Alden gewesen, als gerade jetzt.

Miles Standish verheirathete sich mit der Schwester seiner ersten Frau, die ihn überlebte. Er starb am 3. October 1656 in seinem 76. Jahre. Seine zahlreichen Nachkommen haben ihm zu

Duxbury, Mass., ein Monument gesetzt, das am 17. August 1871 unter vielen Feierlichkeiten eingeweiht wurde.

Zu dem vorliegenden reizenden Gedichte hat dem Dichter nur eine einfache Anecdote als Vorwurf gedient, und es ist von allen seinen Werken dasjenige, das die höchste Originalität bekundet. Einzelne Schilderungen darin sind von poesienreicher Schönheit, wie z. B. der Gesang „Das Spinnrad," und nirgends sonst ist es dem Dichter gelungen, wie Mannfeld in seiner Uebersetzung (Mainz, 1867) treffend sagt, eine so markige, wuchtige Gestalt zu malen, wie die des Miles Standish.

Von allen englischen Dichtern der Gegenwart hat unseres Wissens Longfellow den ausgedehntesten Gebrauch vom Hexameter gemacht, und es muß zugestanden werden, daß er es mehr als irgend ein anderer verstanden hat, das größere Publikum an denselben zu gewöhnen, wenn auch nicht damit auszusöhnen; aber auch dieses Verdienst kommt mehr auf Rechnung der Anziehungskraft seiner poetischen Stoffe, als auf seine Behandlung des Hexameters.

Daß der Hexameter in der englischen Sprache trotz zahlreicher Versuche nie populär geworden ist und nie der heroische Vers der Engländer geworden wäre, selbst wenn Milton sein „Paradiso Lost" darin abgefaßt hätte — obgleich Lessing gerade das Gegentheil behauptet — ist weniger in dem Versmaße an und für sich, als in dem Umstande zu suchen, daß sich das Englische von allen Sprachen am wenigsten dazu eignet, und zwar wegen der Ueberzahl der einsilbigen Wörter, die dem Dichter eine korrekte Scandirung oft zur Unmöglichkeit machen. Sehr richtig sagt Dr. Karl Elze in seinem Schriftchen „Der englische Hexameter" (Dessau, 1867): „Der metrische Genius der englischen Sprache ist jämmerlich, und zwar in ausgeprägterer Weise als bei den übrigen modernen Sprachen."

Die Einsilbigkeit der englischen Sprache erschwert eine richtige Betonung sogar oft in gereimten lyrischen Gedichten, wie viel mehr also im Hexameter. Für einen mit der Construktion desselben nicht vertrauten Leser wird es daher auch sehr schwierig, wenn nicht unmöglich sein, z. B. folgende der „Evangeline" entnommenen, größtentheils aus einsilbigen Wörtern bestehende Verse metrisch zu lesen und besonders die beabsichtigten Daktylen herauszufinden:

Dwelt in the love of God and man. Alike were they free from —
White as the snow were his locks, and his cheeks as brown as
the oak leaves —
In the dead of the night she heard the whispering rain fall —
Such were the words of the priest. And there in haste by the
seaside —
But is not far on his way, and the Fates and the streams are
against him —

Ober folgende Verse aus dem „Miles Standish":
Felt the cool air blow on his cheek, that was hot with the insult.
— What! Do you mean to make war with milk and the water of
roses —
Must be the tongue of the fire that speaks from the mouth of
the cannon —

Correcte Hexameter in modernen Sprachen zu schreiben, ist auch deshalb schwierig, weil in denselben das Princip des Accentes herrscht. Die betonten Silben gelten mithin als Längen und die unbetonten als Kürzen, wohingegen im Griechischen und Lateinischen das Gesetz der Quantität regiert. Der Versfuß fällt folglich mit dem Wortton nicht zusammen und eine Silbe kann je nach ihrer Stellung Arsis oder Thesis sein, trotzdem sie in Prosa unbedingt das Gegentheil ist. Die modernen Sprachen haben gegen den musikalischen Rhythmus den logischen eingetauscht und sich dadurch einer Haupterleichterung für den Gebrauch des Hexameters begeben.

Longfellow hat sich redlich bemüht, alle sich ihm entgegenstellenden Schwierigkeiten zu überwinden; er hat die Cäsur so gewissenhaft wie möglich beobachtet, zuweilen sogar die bukolische berücksichtigt; aber mit der richtigen Accentuation ist es ihm doch nicht immer geglückt. So braucht er z. B. thereupon dactylisch, trotzdem es ein Creticus ist; die Eigennamen Miles Standish, Rose Standish und John Alden muß er als Amphibrachen verwerthen; der Trochäus rearguard gilt ihm als Jambus und campaign gebraucht er mit dem Accent auf der ersten Silbe. Das zusammengesetzte Wort Mayflower hält Longfellow für ein Trochäus, will man es aber einmal zweisilbig aussprechen, so wäre es nach unserem Dafürhalten eher ein Spondäus. Zwar sagt Southey, die englische Sprache habe nur einen einzigen Spondäus, nämlich „Egypt", und Dr. Otto Dickmann läßt in seiner Ausgabe des „Miles Standish" (Halle, 1873) nur die

Wörter „amen" und „farewell" als Spondäen gelten, trotzdem Longfellow in dem Verse, dem jene Bemerkung gilt,

„Lost in the sound of the oars was the last farewell of the pilgrims"

„farewell" offenbar als Jambus gebraucht; wenn wir uns aber Wörter wie twilight, homespun, sunset und eine Menge ähnlicher Composita etwas näher ansehen, so müssen wir die Zahl der brauchbaren englischen Spondäen doch um ein bedeutendes höher angeben. Für den modernen Hexameter wird der Spondäus übrigens nicht für eine absolute Nothwendigkeit gehalten; sein Zweck ist ja nur, dem Dactylus Einhalt zu thun, in welchem Falle Klopstock, Schiller und Göthe meistentheils einfach den Trochäus anwenden.

Die Hauptschwierigkeit jedoch, welche der Einbürgerung des Hexameters im Wege steht, ist die Syntax der modernen Sprachen; dieselbe ist nämlich logisch, wohingegen die der classischen rein grammatisch ist. Besonders entbehrt das Englische fast aller Flexionssilben, wodurch es einer großen Freiheit des Ausdrucks verlustig gegangen ist. Im Griechischen und Lateinischen kann das Adjectiv irgend eine Stelle im Satze einnehmen, ohne daß ein Mißverständniß hervorgerufen wird; man kann die Worte „Boni pueri amabant puellam" stellen wie man will, der Sinn wird immer derselbe bleiben.

In solchen starken Flexionssilben liegt ein gewaltiger Vortheil für den Dichter. Longfellow verfährt zwar auch mit dem Adjectiv ziemlich willkürlich und stellt es, je nachdem es ihm paßt, einmal vor und dann wieder hinter das Substantiv; aber dies sehen die strengen Herren Grammatiker nicht gern, weil es, wie sie sagen, ein veralteter und unzulässiger Gebrauch ist.

Einen störenden Hiatus trifft man bei Longfellow höchst selten und dann auch nur da an, wo er sich infolge des bestimmten Artikels mit dem besten Willen nicht vermeiden ließ.

Von den neueren amerikanischen Dichtern, die sich im Hexameter versucht haben, sind mir nur W. D. Howells und J. T. Trowbridge bekannt geworden. Ersterer hat in seinen „Poems" (Boston 1873) mehrere recht gelungene idyllische Bilder in jenem Versmaße gegeben; „The Emigrant's Story" des zweiten (Harper's Monthly, October 1874) ist jedoch in metrischer Beziehung nur als ein sehr mangelhafter Versuch zu betrachten.

Ein anderer Punkt verdient jedoch bei Betrachtung der Longfellow'schen Idyllen ebenfalls Erwägung, nämlich die häufige und zugleich auch glückliche Anwendung der Alliteration, besonders in „Miles Standish," worauf auch schon G. P. Marsh in seinen „Lectures on the English Language"*) aufmerksam macht und mehrere Belege, die er leicht um das Zehnfache hätte vermehren können, anführt. Oft auch fallen die Alliterationen mit onomato-poetischen Ausdrücken zusammen.

Gänzlich alliterirende Gedichte von größerem Umfange sind nach „The Vision of Piers Plowman" wohl nicht mehr im Englischen geschrieben worden; verschiedene Dichter, wie Shakespeare und neuerdings Joaquin Miller (man verzeihe die Zusammenstellung!) haben sich der Alliteration gelegentlich mit Erfolg bedient; aber Ersterer hat auch zugleich im „Sommernachtstraum" durch die ironische Stelle

„Whereat with blade, with bloody blameful blade,
He bravely broached his boiling bloody breast"

gezeigt, was er von der häufigen Anwendung derselben hielt.

Fowler nennt auf Seite 718 seiner „English Grammar" (New-York 1872) den Refrain das charakteristische Merkmal der angelsächsischen und gothischen Poesie; aber wir finden Spuren von ihm, da er im Organismus der Sprache überhaupt liegt, bei allen dichtenden Nationen, natürlich nicht in solchem ausgedehnten Gebrauche, wie bei den genannten. Sophokles wußte den Werth desselben für das Ohr wohl zu schätzen, ebenso Virgil.**)

Wie wenig Aufmerksamkeit man in neuerer Zeit in Amerika der Alliteration überhaupt gewidmet hat, zeigt auch der Umstand zur Genüge, daß weder der bereits erwähnte Grammatiker Fowler noch der Lexikograph Webster eine genaue Definition derselben geben. Beide sagen, sie sei nur eine Wiederholung desselben Buchstaben an zwei oder drei Stellen innerhalb einer Verszeile; dies ist jedoch insofern incorrect, als jeder Vokal mit irgend

---
*) S. 561 (New-York 1867).
**) Freund führt in seiner „Präparation zu Virgil's Aeneis" (25) den Vers
„Insequitur clamorque virum stridorque) udentum" (I. 87)
der vielen r-Laute wegen als alliterirend an; jene Häufung des Consonanten r ist jedoch nur ein Mittel, um den dahinströmenden Wind onomato-poetisch zu bezeichnen.

einem andern einfachen oder zusammengesetzten alliterirt. Solche Stabreime kommen allerdings sehr selten in „Piers Plowmann", desto mehr in Cädmon's „Genesis" und im Beowulf vor. *)

Schließlich theile ich noch ein Verzeichniß der mir bekannt gewordenen Ueberfetzungen der „Evangeline" und des „Miles Standish" mit.

Die erste deutsche Ueberfetzung der „Evangeline" erschien 1851 anonym in Hamburg; darnach folgte die von P. Belke (Leipzig 1854), dann die von Nickles (Karlsruhe 1862) und zuletzt (?) die von Karl Knortz (Nr. 387 der Reclam'schen Universalbibliothek).

In's Französische übertrugen sie Chev. de Chatelain (Paris 1856), Ch. Brunck (Paris 1864) und L. P. Lemay (Quebec 1865).

Eine spanische Ueberfetzung gab Carlos Morla Vicuna im Jahre 1871 zu New-York heraus.

Portugiesische Ueberfetzungen erschienen im Jahre 1874 drei in Rio de Janeiro; dieselben haben Franklin Dona, Reimao und Jose de Goes Filho zu Verfassern.

Pietro Rotundi gab 1877 in Florenz eine italienische Ueberfetzung heraus.

---

*) Folgende wenige Stellen mögen hier genügen:
   Idil und unnyt: on thone eagam wlat —
   Ac ligadh me ymbe irenbendas —
            (Cädmon).
 „Sigon tha to slaepe: sum sare angeald
 Aefenraeste sva him ful oft gelamp,
 Sidhdhan goldsele Grendel varode,
 Unriht aefnde, odh thät onde beovom,
 Svylt after synnum."
           (Beowulf).
Letztere Stelle übersetzt Simrock also:
 „Sie sanken in Schlaf. Aber sauer entgalt
 Der Abendruh Einer, wie es öfter geschehen war,
 Seit den Gabensaal Grendel heimgesucht,
 Unthaten übend bis ihm sein Ende nahte,
 Der Tod nach den Sünden."
Weiter lassen sich noch folgende Strophen aus dem Jordan'schen Normenliede (Siegfriedsage, zehnter Gesang) anführen:
   Dein eigen ist Alles —
   In ewiger Ordnung —
   Sie impfen den Abscheu.

Schwedische Ueberſetzungen exiſtiren von Alb. Lyſander (1854), Jb. Edgren (Göteborg 1875) und P. Swenſen (Chicago 1875). H. C. Kunitſen gab ſie 1874 in Chriſtiania däniſch heraus.

„Miles Standiſh" wurde in's Deutſche übertragen von Baumgarten (St. Louis 1859), F. Mannsfeldt (1867) und Karl Knortz (Nr. 540 der Reclam'ſchen Univerſalbibliothek).

In's Holländiſche übertrug ihn van der Bergh (Haarlem 1861) und in's Italieniſche C. Fraltini (Padua 1868).

Der ſpaniſche Student.

Man hat ſchon öfters die Frage aufgeworfen, weßhalb Amerika noch keine dramatiſche Dichtung von Bedeutung hervorgebracht habe, und dieſelbe auch zu erklären geſucht, ohne jedoch nach unſ'rer Anſicht die richtigen Gründe gefunden zu haben. Adolf Strodtmann meint in der Einleitung zu ſeiner „Amerik. Anthologie" (Hildburghauſen, 1870), daß der Poet in Amerika für die von ihm gebotene Löſung der ethiſchen Conflicte nicht auf die Billigung der großen Maſſe ſeines Publikums rechnen dürfe, und zwar weil die Bevölkerung in zu viele ſich feindlich gegenüberſtehende Parteien zerklüftet ſei. Aber in welchem Lande iſt dies nicht der Fall? Deutſchland hat doch wahrhaftig der heterogenſten politiſchen und religiöſen Spaltungen genug und die gegenſeitigen Befehdungen laſſen mitunter auch nichts an Heftigkeit zu wünſchen übrig. Dieſelben haben weder der dramatiſchen Production noch dem Theaterbeſuch Eintrag gethan, vielmehr beide erhöht. Und das iſt auch leicht erklärlich, weil brennende Fragen und weltbewegende Ideen die Dichter von jeher ermuntert haben, denſelben dramatiſches Fleiſch und Blut zu verleihen, wofür ſie auch ſtets, wenn nicht ein dankbares, ſo doch wenigſtens ein neugieriges und zahlendes Publikum gefunden haben. Und letzteres iſt denn doch die Hauptſache, beſonders in Amerika, wo es keine vom Staat oder von einer Stadt subventionirte Theater giebt und wo Schauspieler und Theaterunternehmer, wenn sie dem vulgären Geschmack des Publicums nicht Rechnung tragen würden, bald um Aufnahme in's Armenhaus nachsuchen müßten.

Geld heißt ihr Feldgeschrei und Sensation ist die Parole. Dem Bedürfniß des Publicums muß vor Allem entsprochen werden, welches — da eine ästhetische Erziehung in Amerika zu den unbekannten Dingen gehört — im Amüsement von rohestem Character besteht. Der den ganzen Tag mit fieberhafter Hast schaffende, calculirende und schachernde Yankee bedarf als Gegengewicht eines Abspannungsmittels und da dasselbe nach psychologischen Gesetzen ein wahlverwandtes sein muß, um seine Wirkung zu thun, kann es nur in gemeinen, zerstreuenden Belustigungen bestehen. Aesthetische Bedürfnisse hat der Amerikaner nicht zu befriedigen, und zwar aus dem einfachsten Grunde; bei einem Schiller'schen Drama würden vor lauter Gähnen seine Kinnladen nicht zur Ruhe kommen und bei der Aufführung der 9. Symphonie durch Thomas' Orchester sinkt er ruhig in Morpheus' Arme. Taylor's, Boler's und Calvert's Dramen würden — auch wenn sie mehr bühnengerecht wären — nie einen Theaterdirector zur Aufführung bewegen; vor leeren Bänken möchte er nicht gern spielen lassen und eine leere Casse wäre ihm noch viel unangenehmer. Offenbachiaden mit Balletmädchen, die baarfuß bis an's Knie sind — ja, das ist was And'res; das zieht. Da kommen Jünglinge und Greise, Fromme und Profane, Geistliche und Laien, Bet- und andere Schwestern, moralisirende Mütter und moralbedürftige Töchter — da kommt das gesammte Amerika, das Geld und Sinn für's „Schöne" hat. Alles, was aus Frankreich kommt, kann jeder Amerikaner unbeschadet seiner Tugend und seines Ansehens genießen; Offenbach ist der größte Componist des Jahrhunderts.

Doch sollte der Amerikaner denn nie das classische Schauspiel begünstigen? O gewiß; aber es muß Mode sein und alsdann läßt er Alles geduldig über sich ergehen. Es ist ihm auch einerlei, ob der auftretende Künstler, den die stets wechselnde Laune des Publikums nun einmal zum Liebling und vorher auch zu einer Celebrität gestempelt hat, italienisch, deutsch oder japanesisch spricht; denn hier gilt's zu zeigen, daß man die Kunst zu würdigen versteht. Da schwimmt er in Begeisterung, klatscht sich Blasen in die Hände und dankt in seinem Innern Gott, wenn die langweilige Geschichte endlich ihr Ende erreicht hat. Shakespeare gewinnt ihm noch das meiste Interesse ab, denn er sieht in dessen Dramen viele ihn anheimelnde Charactere, auch kommen in jedem eine Anzahl Morde, Gefechte, zweideutige und unzweideutige Reden vor, die so ganz nach seinem Geschmack sind. Shakespeare kannte sein Publicum und wußte, was er als Geschäftsmann demselben zu bieten hatte. Seine modernen amerikanischen Nachfolger wissen dies ebenfalls, denn sie sind ja auch in erster Linie Geschäftsleute, aber noch nicht einmal in der allerletzten, sondern in gar keiner Linie Shakespeares. Bret Harte, Joaquin Miller u. A. kannten ihre Aufgabe sehr wohl, als sie anfingen, für die Bühne zu produciren, und ihren Stücken mangelt's daher nicht an tabakkauenden Yankees, verlor'nen Söhnen, sentimental-wollüstigen und pietistisch-verschmitzten Frauen, fluchenden Spielern, verliebten Gecken und Narren, Boxereien, Angriffen mit Revolverschuß-Begleitung, Ver- und Entführung, betrogenen Ehemännern u. s. w. Aber von diesen zahlreichen Charakteren interessirt den Amerikaner nur der verworfenste, der daher auch stets vom sogen. „star" repräsentirt wird; die übrigen betrachtet er meist mit derselben Aufmerksamkeit, wie er in „Heinrich IV." Gower, Hastings, Westmoreland u. s. w. gegen Falstaff betrachtet. Dieser „star" muß für jedes schauspielerische Deficit aufkommen, denn er wird ja dafür bezahlt, und je schlechter seine Collegen spielen, die vielleicht eine Stunde vor Aufgehen des mit Annoncen besä'ten Vorhangs von der Straße aufgelesen werden, desto erhabener steht er da und desto leichter kann er seine Künstlerehre bewahren.

Was es heißt, die Kunst mit dem Gewerbe auf eine Stufe stellen, das hat Deutschland in den letzten Jahren in Folge der Freigabe der Theater sattsam erfahren; auf den nicht-subventionirten Bühnen ist seit jener Zeit der grauenerregendste Schund aufgeführt worden, wodurch die mühevollen und mit großen Opfern verbundenen ästhetischen Errungenschaften so vieler Jahre wieder in Gefahr gebracht worden sind.

Ein versumpftes Volk hat kein eigentliches Drama, sondern blos elende Schauspielerei, und das nicht allein auf den weltbedeutenden Brettern, sondern auch in der Religion, der Politik, im Geschäfts- und sogar im Familienleben. Man mag es darin zur Virtuosität bringen — und die Sachlage zeigt, daß Dem factisch so ist —, zur Kunst aber niemals.

Auch hat der Einfluß der puritanischen Geistlichen in Amerika das Seinige beigetragen, daß die Bühne von Vielen als entsittlichendes Institut betrachtet wird. Dafür Belege zu finden, ist ihnen allerdings von den Schauspielern kinderleicht gemacht worden. Oder haben jene wohl das Privilegium des Comödiantenthums für sich allein in Anspruch nehmen wollen? Daß die Bühne aber wirklich dazu bestimmt sei, für Aufklärung, Erziehung und Vereblung des Volkes zu wirken, das ist den meisten Amerikanern eben so unbegreiflich wie die Darwin'sche Theorie oder die Lehre vom Unbewußten in der Leiblichkeit.

Die clericalen Gegner des Dramas haben sich, um ihren Ansichten einen andern als den gewohnten engherzig-pietistischen Grund unterzulegen, von jeher auf Plato und J. J. Rousseau berufen. Ersterer sagt, jene Kunst sei von einer innern Lüge durchdrungen und verderbe den Character der Darsteller; auch sei es nachtheilig für die Zuschauer, wenn sie durch fingirtes Klagen in eine traurige Gemüthsverfassung versetzt würden; die Comödie habe den Zweck, Alles, selbst das Heiligste, lächerlich zu machen. Habe also der Schauspieler — meint er — das Talent, große Feldherren und Philanthropen darzustellen, so sollte er sich doch lieber ganz und gar in dieselben verwandeln und der Welt als wirklicher Militär, Weiser oder Menschenfreund nützen. Aehnlich spricht sich Plato auch gegen die Epiker aus, und findet besonders Homer's lügenhafte Berichte über die Götter gemeinschädlich. Einen dramatischen Dichter wollte er in seinem Staate nicht dulden; aber man muß sich hier immer das historische Factum vergegenwärtigen, daß damals das attische Theater bereits im tiefsten Verfall war und seiner ethischen Mission gänzlich entsagt hatte. Das Theater einer Nation ist von jeher ein sicherer Maßstab der Moralität oder vielmehr des Characters derselben gewesen; daß die Amerikaner nach diesem Grundsatze sich unbedingt in ungünstigem Lichte zeigen müssen, ist bereits angedeutet. Richter des Schauspiels und Schauspielers ist das Publicum resp. dessen Geld; denn wer zahlt, befiehlt und urtheilt. Wenn also ein Autor aus einem Werke lohnende Tantièmen schlagen will, so schreibt er dasselbe irgend einem namhaften Künstler „auf den Leib", der es dann (vorausgesetzt natürlich, daß das Sujet dem herrschenden Zeitgeiste entspricht) einstudirt und von Ort zu Ort reisend producirt. So haben viele Schauspieler nur ein Leibstück; Jefferson reitet seit Jahren auf dem „Rip van Winkle" umher und der nun verstorbene Ben de Bar hatte sich fast ausschließlich auf die Darstellung des „Falstaff" verlegt. Ein dramatischer Dichter, der den angedeuteten Weg nicht einschlägt, liefert selten etwas Anderes als ein Buchdrama.

Dahin gehört denn auch Longfellow, von dessen dramatischen Werken unsers Wissens kein einziges jemals über die Bretter gegangen ist. Er theilte uns einmal brieflich mit, sein „Spanischer Student", sei in Deutschland aufgeführt worden; wo, sagte er jedoch nicht. Sicher ist, daß dieses Opus niemals zu einem Repertoirstück werden wird.

Dieses dramatische Erstlingswerk schrieb Longfellow kurz nachdem er eine kleine Erholungsreise (1842) nach Deutschland — woselbst er sich hauptsächlich in Boppard a. Rh. aufgehalten — gemacht hatte und gab es 1843 in Druck. Es besteht aus drei Acten und ist in Jamben abgefaßt. Der Stoff ist genau derselbe, der durch die Wolff-Weber'sche „Preciosa" allgemein bekannt geworden und deren Ursprung in Cervantes' Novelle „La Gitanella de Madrid" (die kleine Zigeunerin von Madrid) zu suchen ist. Schon der Spanier Antonio de Solis dramatisirte dieselbe und nach ihm noch Mehrere, jedoch ohne einen Erfolg. Auch in Rowley-Middleton's „Spanish Gipsy" und Victor Hugo's „Notre Dame de Paris" ist jener Stoff verwerthet worden.

Die im „Spanish Student" gelegentlich gegebenen aphoristischen Schilderungen von Land und Leuten beruhen auf der eigenen Anschauung des Dichters, und wir möchten daher jeden aufmerksamen Leser jenes Dramas anrathen, auch den Abschnitt „Journey into Spain" in Longfellow's „Outre Mer" zu lesen. Wir müßten uns sehr irren, wenn dem Dichter nicht bei der Zeichnung der Preciosa das an genannter Stelle erwähnte baskische Mädchen, das ihm auf dem Wege nach Jean de Luz begegnete und einen unvergeßlichen Eindruck auf ihn machte, vorgeschwebt hätte.

Doch werfen wir nun einen Blick auf den Inhalt des Stückes. Die Edelleute Lara und Don Carlos in Madrid unterhalten sich spät in der Nacht über das Theater und das Tanzen der Preciosa, wobei natürlich auch die Frage: ob sie tugendhaft sei oder nicht, besprochen wird. Darauf tritt Lara's Diener ein und bringt den von seinem Herrn der genannten Tänzerin dedicirten Schmuck zurück. Nach Lara's Mittheilung ist sie in Victorian, einen Studenten aus Alcala, verliebt und hat von diesem bereits den Verlobungsring angenommen. Da nach des Dieners Bemerkung der Goldschmied noch einen ähnlichen Ring besitzt, so erhält jener den Auftrag, denselben zu kaufen.

In der 2. Scene gibt Chispa, Victorian's Diener, einigen Musikern Instructionen für ein gefühlvolles Ständchen, worauf wir in Preciosa's Zimmer geführt werden. Victorian tritt, nachdem er seiner Geliebten ein Ständchen gebracht, ein, und Beide führen ein ziemlich gedankenarmes Zwiegespräch, in welchem die gegenseitigen Liebesversicherungen, durch ihre Breite, nicht den angenehmsten Eindruck machen. Preciosa erwähnt gelegentlich auch der Liebe, die der junge Zigeuner Bartolome für sie hegt, und macht schließlich die Mittheilung, daß sie vor dem Cardinal, der gekommen sei, das öffentliche Tanzen zu inspiciren, tanzen wolle, um ihn dadurch zu bewegen, daß er sich bei dem Papste um Aufhebung des Verbotes dieser Belustigung verwende.

Nachdem uns der Dichter alsdann in eine Schenke Alcala's geführt hat, treten wir in Victorian's Studirzimmer, woselbst Studiosus Hypolit den anzüglichen Schlußvers des römischen Liedes „Pater Francesco"*) singt. Das darauf folgende Zwiegespräch

---

*) Dasselbe heißt vollständig in der Uebersetzung von Kopisch:
„Pater Francesco,
Pater Francesco!"
„„Saget, was wollt ihr vom Pater Francesco?""—
„Draußen steht eine arme Alte,
Die der Beichte sehr begehrt!"
„„Fort, fort, fort von meiner Höhle!
O Versuchung meiner Seele!""
„Pater Francesco,
Pater Francesco!"
„„Saget, was wollt ihr vom Pater Francesco?"" —
„Draußen steht eine arme Wittwe,
Die der Beichte sehr begehrt!"
„„Fort, fort, fort von meiner Höhle!
O Versuchung meiner Seele!""

ist voll tiefer, poetischer Gedanken und der Schluß-Monolog Victorian's muthet den Leser wahrhaft shakespeare'sch an.

In der 1. Scene des 2. Actes warnt Preciosa die arme Angelica vor den Fallstricken Lara's; dann tritt der Zigeuner-Hauptmann Cruzabo auf und verlangt auf verschmitzte Weise Geld von der Tänzerin. Darauf erringt Preciosa im Zimmer des Erzbischofs von Madrid durch ihr Tanzen den Beifall des Cardinals. In der 3. Scene begegnen sich Don Carlos und Hypolit auf dem Prado und nachdem der Graf vom Studenten um Geld angesprochen, und die Frage wegen Preciosa's Keuschheit aufgeworfen worden ist, tritt Victorian auf, dem Don Carlos die unlautern Absichten Lara's mittheilt und ihm so das Gift der Eifersucht und des Zweifels in's Herz träufelt.

In der 4. Scene liest Preciosa in ihrem Gemach das schöne spanische Schlummerliedchen „Todos duermen corazon" *), das Longfellow wirklich reizend übersetzt hat. Graf Lara tritt ohne Anmeldung ein und versucht vergeblich seine Verführungskünste bei ihr. Als Victorian kommt, sieht er ihn zu den Füßen seiner Braut, was natürlich eine stürmische Scene zur Folge hat.

Aus dem folgenden Auftritt erfahren wir, daß Lara Vorbereitungen zum Auszischen der Preciosa getroffen hat. Darnach findet das verabredete Duell zwischen Lara und Victorian statt, in dem der Graf entwaffnet wird und dann sein Leben als Geschenk seines Gegners ansehen muß. Seine Absichten auf Preciosa giebt er aber noch lange nicht auf; er erklärt, daß ihm die

„Pater Francesco,
Pater Francesco!"
„„Saget, was wollt ihr vom Pater Francesco?""" —
„Draußen steht ein hübsches Mädchen,
Das der Beichte sehr begehrt!"
„„Laßt sie ein, o fromm' Begehren!
Ja, die will ich Beichte hören!"""
*) Emanuel Geibel giebt davon folgende Uebersetzung (S. 42, Spanisches Liederbuch von E. Geibel und Paul Heyse. Berlin 1852):
Alle gingen, Herz, zur Ruh',
Alle schlafen, nur nicht Du.
Denn der hoffnungsvolle Kummer
Scheucht von deinem Bett den Schlummer
Und dein Sinnen schweift in stummer
Sorge Deiner Liebe zu....

Tänzerin eine Stunde bestimmt habe, wo er sie allein finden würde; auch habe sie ihm einen Ring geschenkt, den der Student für den seinigen hält. Daß er schnöde hintergangen worden, ist Victorian nun klar und er faßt daher den Entschluß, Madrid schleunigst zu verlassen. Dies ist natürlich gerade das, was Lara beabsichtigte.

In einer späteren Scene wird Perciosa öffentlich ausgezischt und der Graf beeilt sich, ihr noch am selben Abend einen Trost-Besuch abzustatten. Der fiberisch erregten Tänzerin wird vorher ein Ständchen gebracht, das jedoch durch Cruzado und Bartolome gestört wird. In dem nun folgenden Crawall wird Lara erstochen.

Am Anfang des letzten Actes treten Hypolit und Victorian als fahrende Schüler, sogenannte „Holzlöffelritter" auf.*) Ersterer singt ein Lied von Lopez Maldonado, worauf der lebensmüde Victorian wieder sein unglückliches Liebesverhältniß beklagt. Hy=

---

*) Von einem solchen „Holzlöffelritter" giebt Longfellow in seinen „Prose Works", S. 231 u. f., Band I (Boston, 1866), folgende Beschreibung:

„...... Als diese Scene — das Tanzen der Maulthiertreiber mit den Dienstmädchen eines Gasthauses zu Manzanares — vorüber war und die blinden Musikanten vom Hofe abgezogen waren, fiel ich in einen sanften Schlaf, aus dem ich jedoch bald durch Musik anderer Art erweckt wurde. Ich öffnete die Augen und neben mir stand ein großer, graziöser Mann, der sich — als ob er ein Ständchen bringen wolle — gegen eine Säule gelehnt hatte. Sein Anzug war der eines spanischen Studenten. Er trug einen schwarzen Mantel und engen Leibrock, ein Paar Schuhe, die früher ein Paar Stiefel gewesen waren, und einen halbmondförmigen Hut, an welchem auf einer Seite ein hölzerner Löffel wie eine Cocarde steckte. Als er sein Lied beendet hatte, luden wir ihn zu dem Ueberreste einer Wurst, einer Flasche Valdepennas, Brod nach Belieben und einer echten Havanna-Cigarre ein.

Der Fremde machte einen Kniz und nahm diese Zeichen einer wohlwollenden Gesellschaft mit der Miene eines Mannes an, der gewohnt ist, seinen Lebens-Unterhalt vom Zufall abhängig zu sehen. Da nun der Wein von jener starken und edlen Sorte war, die Einem gleich in den Kopf steigt, so wurde unser Gentleman mit dem Halbmondhute bald sehr gesprächig; er trank unzählige Anecdoten aus und theilte uns auch seine eigene Lebensgeschichte mit, indem er, wie die Leute im Gil Blas mit seiner Geburt und Herkunft anfing.

„Ich bin der Sohn eines Barbiers, sprach er, und erblickte vor etwa 20 Jahren in der großen Stadt Madrid das Licht der Welt. In meiner Kindheit wurde ich darauf hingewiesen, doch etwas für mich zu thun; ich begann also meine Geschäfts-Carriere damit, daß ich auf dem Prado eine Lunte umhertrug, woran die Herren ihre Cigarren anstecken konnten, und daß ich

polit hingegen ist ungemein heiter; er will das Gute des Lebens genießen, wo und wie es sich ihm biete. In dem Dorfe, das sie nun betreten, wird gerade das gegen die Zigeuner gerichtete Verbannungsurtheil verlesen und der anwesende Pater findet dasselbe ganz in der Ordnung, weil jenes Volk nie das Innere einer Kirche betrete. Hypolit macht ihm darauf mit der ernstesten Miene die unverschämtesten Complimente über sein würdiges und gelehrtes Aussehen, giebt ihm in allen Dingen Recht und erreicht damit auch vollständig seinen Zweck, nämlich eine Einladung in das Haus des Geistlichen. Victorian tritt später ein; er hat inzwischen erfahren, daß Cruzado's Bande im Dorfe gewesen und ein Brief in seinen Händen überzeugt ihn vonder Unschuld Preciosa's. Sobald es dunkel ist, schleicht er sich in's Zigeunerlager und bittet Preciosa mit verstellter Stimme, ihm zu wahrsagen. Dabei versucht er, ihr einen (seinen) Ring vom Finger zu ziehen; doch sie erklärt feierlichst, derselbe sei ihr für alles Gold der Erde nicht feil. Darauf rührendes Erkennen und noch rührendere Ver=

---

das Wachs auffing, das bei Leichenbegängnissen und andern religiösen Processionen von den Kerzen tröpfelte.

In der Schule war ich unruhig und unbeugsam und wurde endlich ausgestoßen, weil ich den Sohn des Schulmeisters mit Ochsenhörnern gestoßen, die ich an meinem Kopfe befestigt hatte, um den Stier in einem Schein= Stiergefechte darzustellen. Bald darauf starb mein Vater und ich kam zu dem Bruder meiner Mutter, einem Pfarrgehilfen in Fueucarral. Er war ein gelehrter Mann und wollte mich zu einem Arzt machen, zu welchem Zwecke er mich Latein und Griechisch lehrte.

Später wurde ich nach Alkala auf die Universität geschickt. Dort that sich eine neue Welt vor mir auf. Welche Abwechslung, welche Aufregung! Doch kaum waren drei Monate verflossen, da segnete mein edler Oheim das Zeitliche. Ich mußte mir nun selber durchhelfen. Da ich keinen Heller hatte, so lebte ich wie ich konnte, aber nicht, wie ich wollte. Ich wurde ein sopista, ein Suppenesser, ein Ritter des hölzernen Löffels. Ich sehe, Sie verstehen mich nicht. In andern Worten: Ich wurde ein Mitglied der respectablen Körperschaft der armen Studenten, die mit ihrem hölzernen Löffel bewaffnet täglich ausgehen, um die Freisuppe zu essen, die ihnen aus den Klosterthüren gereicht wird. Ich hatte weder Wohnung noch Heimath. Aber die Noth ist die Mutter der Erfindungen. Ich hing mich an die, die glücklicher waren als ich, studirte in den Büchern Anderer, schlief in fremden Betten und frühstückte auf Kosten Anderer. Dies Leben hat allerdings seinen demoralisirenden Einfluß auf mich ausgeübt, aber es hat meinen Verstand wunderbar geschärft."

zeihung. Chispa, früher Victorian's Diener, nun aber bei dem in der Nähe weilenden Don Carlos angestellt, löst durch die Mittheilung, daß Preciosa von Zigeunern gestohlen und daß ihr rechter Vater — ein reicher Mann — soeben nach Spanien zurückgekehrt sei, die noch übrigen Räthsel der Geschichte, worauf natürlich allgemeine Befriedigung erfolgt. Beim Abzug schießt Bartolome auf Preciosa, bei der er sich einige Scenen vorher abermals einen Korb geholt hatte, verfehlt sie aber; der Schuß wird jedoch erwidert und er stürzt todt nieder . . . .

Die Handlung nimmt in diesem Drama ihren ungehinderten Fortgang; da jedoch eine jede Scene — wie wir gesehen haben — eine Verwandlung erheischt, so dürfte es sich für die Darstellung auf der Bühne schon deßhalb nicht eignen. Beim Lesen stört dies weiter nicht, auf der Bühne aber wirkt der häufige Coulissenwechsel höchst unangenehm und stört den Effekt. Die Technik des Dramas verlangt ebenfalls mit Recht die gebührende Berücksichtigung.

Besonderen poetischen Werth hat jenes Drama durchaus nicht; hätte es ein Anderer als Longfellow geschrieben, so würde sich kein Mensch darum bekümmern. Nur hie und da stoßen wir auf einige Stellen von überraschender Schönheit; betrachten wir sie jedoch näher, so finden wir leider keine Originalgedanken darin.

Jenes Drama ist dreimal in's Deutsche übersetzt worden, nämlich von Carl Böttger, Dessau 1858, von Maria Helene (Le Maistre), Dessau (ohne Jahreszahl), und von Leo Häfeli (No. 415 in Reclam's Universalbibliothek).

In's Italienische übertrugen es Alessandro Bassani, Mailand 1871, und Nazzareno Trovanelli, Florenz 1876.

Die „Goldene Legende."

Longfellow's zweites Drama, das 1851 in Boston erschien, führt den Titel „The Golden Legend." Es ist im eigentlichen Sinne ein Buchdrama, denn schon die scenische Eintheilung zeigt auf den ersten Blick, daß der Verfasser bei seiner Arbeit nicht im Geringsten an die Bühne gedacht hat. Dem Inhalt liegt Hartmann von Aue's, eines Minnesängers des 12. Jahrhunderts, „Armer Heinrich" zu Grunde, also eine Legende, die sich von jeher großer Popularität erfreute. Als sie der Dominikanermönch und spätere Erzbischof von Genua, Jakobus de Voragine, in seinen „Legenden der Heiligen" (1292) mittheilte, entzückte sie sein Publikum derart, daß es dem Worte „Legenda" das Eigenschaftswort „Aurea" zufügte, — ähnlich wie man späterhin Dante's „Commedia" mit dem Epitheton „Divina" beehrte. Wynkin de Werde sagt, wie Longfellow in den Anmerkungen zu seinem Gedichte erwähnt, „wie das Gold alle anderen Metalle an Werth übertrifft, so übertrifft jene Legende alle andern Bücher."

Woher Hartmann von Aue*) den Stoff hat, wird wohl schwer anzugeben sein; denn daß er die Geschichte nicht erfunden hat, geht deutlich aus seiner Einleitung hervor:

> Nu beginnet er in Dinten
> Eine Rede, die er geschrieben vant,
> Darumbe hat er sich genannt,
> Daz er siner Arbeit
> Die er daran hat geleit
> Iht ane lon belibe.

Betrachten wir also erst den Inhalt des Hartmann'schen Werkes und sehen wir dann, wie sich Longfellow's Bearbeitung dazu verhält.

---

*) Nicht „Hartmann von der Aue," wie Longfellow und Andere schreiben.
„Der was Hartmann genannt,
Dienstman was er, von Ouwe."

In Schwaben lebte ein mit allen Tugenden gezierter Ritter, dessen Ruhm durch alle benachbarten Lande ging. Aller Falschheit und niedrigen Gesinnung hatte er abgeschworen und er war daher noch viel reicher an Ehren, als an weltlichen Gütern.

> Er war eine Blume der Jugend,
> Weltlichen Freude Spiegel,
> Steten Treue Siegel,
> Eine volle Krone Zucht,
> Der Nothbedrängten Zuflucht,
> Seinen Freunden ein fester Schild,
> Wie eine Wage gerecht und mild;
> Kurz, Nichts zu wenig, noch zu viel.
> Er trug des Lebens Bürde zum Ziel
> Wie eine süße Ehrenlast;
> Sein Rath glich einer Brücke fast,
> Und lieblich sang er von Minne.
> So ward ihm zum Gewinne
> Lob und Preis bei Alt und Jung:
> Er war schön und weise genung.

Doch im Vollgenuß dieses Glückes verstand er es nicht, seine achtbaren Eigenschaften auf die Dauer zu behaupten, denn gar bald ward er stolz und übermüthig und da es eine alte, auch im Nibelungenliede durchklingende germanische Ansicht ist, daß am Golde der Fluch Gottes klebe, so ereilte ihn das Strafgericht in Gestalt der unheilbaren Miselsucht. Von Jedermann ward er nun gemieden. Seine einzige Hoffnung setzte er auf ärztliche Hilfe, zu welchem Zwecke er nach Montpellier zog; doch

> „Da war ihm Nichts zu Theile
> Als die üble Märe,
> Daß nicht zu helfen wäre."

Im berühmten und häufig sprichwörtlich erwähnten Salern, wohin er sich darnach zur Heilung wendet, giebt man ihm der Hauptsache nach dieselbe Antwort; denn man sagt ihm, er könne nur dann von seiner Krankheit befreit werden, wenn eine reine Jungfrau aus eigenem Antrieb ihr Herzblut für ihn opfere. Da ihm dies eine reine Unmöglichkeit dünkt, so eilt er hoffnungslos nach Hause und wünscht sich nichts sehnlicher, als den Tod. Er vertheilt Hab und Gut unter Freunde und Arme, beschenkt auch Kirchen und Klöster reichlich und behält für sich nur einen Meierhof (Geriute, [Roßland] wie es im Originale heißt), zu dessen Pächter er sich flüchtet. Dort ist er übrigens gut aufgehoben, denn der Pächter erweiset sich seinem Herrn gegenüber, infolge früherer von ihm empfangenen Wohlthaten, sehr dankbar und schafft ihm Ruhe und Gemächlichkeit.

Unter seinen Kindern befindet sich auch ein zwölfjähriges Mädchen,*) das dem kranken Herrn sehr zugethan ist, daß sie sich beständig in seiner Nähe aufhält. Sie ist so schön, daß sie eines Kaisers Tochter sein könnte. Da sie dem armen Heinrich gar willig dient, so nennt er sie stets sein Gemahl.

Als er sich nun so gegen vier Jahre auf jenem Gute aufgehalten hatte, fragt ihn eines Tages der besorgte Meier, der glaubt, der plötzliche Tod seines Herrn würde ihn von seinem Lehnsgute vertreiben, ob denn die Aerzte in Salern kein Mittel für seine Krankheit gewußt hätten.

Heinrich klagt darauf, daß er Gott, dessen Gnade er doch sein früheres Glück schulde, gering geachtet habe, wofür ihm nun das Thor des Heils verschlossen sei. Dann preist er die Güte seines Pächters, der ihn, obgleich ihn sonst Alle fliehen, nicht unbarmherzig verstoßen, sondern liebevoll aufgenommen habe. Er sei einer jeden Hoffnung bar, da das von dem Salerner Arzte vorgeschlagene Mittel, die freie Opferung einer reinen Jungfrau, wohl zum Unmöglichen gehöre.

Das Mädchen, welches diesem Zwiegespräche gelauscht, fängt nun in der Nacht bitterlich zu weinen an.

„Wan si truoc tougen (verborgen)
Nahe in ir Gemüte
Die allermeiste Güete
Die ich von Kinde je vernam."

Sie hat sich nämlich fest vorgenommen, ihr Leben zum Besten ihres Herrn hinzugeben; der Vater sucht sie von ihrem Vorhaben abzubringen und droht sogar mit schwerer Strafe, aber sie bleibt ihrem Vorsatze treu und sagt, es sei ihre Pflicht, dies Opfer zu bringen. Sie achte das irdische Dasein für gering und wolle lieber jetzt unbefleckt in die Seligkeit eingehen, als später, nachdem die Reize der Welt ihre Macht auf sie ausgeübt, des Himmelreiches verlustig werden. Heirathsgut könnten

---

*) Achtjährig nach der Ausgabe von Fedor Bech (Leipzig 1873), was sich aber mit dem Ausgang des Gedichtes nicht gut in Einklang bringen läßt. Außerdem spricht jenes Mädchen bereits so altklug, wie ein Marlitt'scher Backfisch, wenn auch in anderem Sinne.

ihr die Eltern ja doch keins geben und wenn der Graf nach zwei oder drei Jahren stürbe, so wären sie Alle zu einem elenden Leben verdammt.

Nach solcher Rede glauben die Eltern, daß der heilige Geist über sie, wie einst über Sankt Nikolaus, gekommen sei und sie unterwiesen habe; sie geben daher ihre Zustimmung zu ihrem Vorhaben.

Als dies dem Lehnsherrn verkündet wird hält er das Gerede für einen kindischen Einfall, und bittet sie, doch dem Rathe ihrer Eltern zu folgen; da aber diese sich damit bereits einverstanden erklärt haben, so werden die nöthigen Vorkehrungen zur Reise nach Salern getroffen. Dort angekommen, wird dem Mädchen von den fungirenden Aerzten mitgetheilt, daß ihr Tod nur dann für den Ritter Hülfe bedeute, wenn er ein gänzlich freiwilliger sei; auch sei ihr Unternehmen durchaus kein leichtes für sie, sie müsse sich nackt ausziehen und sich das Herz bei lebendigem Leibe aus der Brust schneiden lassen. Das Mädchen erklärt sich darauf fest entschlossen, sich zum Besten ihres Herrn zu opfern und dadurch sich der himmlischen Seligkeit zu versichern; als aber der Arzt immer noch mit der Ausführung des Opfers zögert, klagt sie ihn der Feigheit an und sagt, sie habe bei ihm doch größern Muth vorausgesetzt.

Nun wird sie in ein Gemach geführt, wo sie sich, nachdem die Thüre verriegelt worden ist, entkleiden und auf den Secirtisch legen muß, auf dem sie dann festgebunden wird.

Der an der Thüre lauschende Heinrich hört nun, wie der Arzt das Messer wetzt, und sagt für sich: „Es ist doch thöricht und vermessen, daß du gegen den Rathschluß des Höchsten noch einige Tage länger leben willst, du entgehst dem Tode ja doch nicht; wer aber bürgt dir dafür, daß dich der Tod des Mädchens auch wirklich heilt? Ertrage also, was Gott über dich verhängt hat!"

Darauf bittet er den Arzt, das Opfer nicht zu vollziehen. Doch das Mädchen fleht und jammert, daß ihr nicht vergönnt sei, durch einen schnellen Tod in den Himmel einzugehen.

Heinrich reist nun mit dem Mädchen nach seiner Heimath ab, wohlbewußt, daß er dort überall Spott und Lästerung finden werde. Auf dem Wege jedoch bessert sich sein Gesundheitszustand so merkwürdig, daß er zwanzig Jahre jünger aussieht. Seine Bekannten kommen ihm jubelnd entgegen, und freuen sich über die wunderbare Genesung ihres edlen Herrn. Heinrich heirathet darauf seine Retterin und damit endet das auf orthodox-christlicher Anschauung beruhende Hartmann'sche Gedicht.

Im Prolog zu Longfellow's „Goldener Legende" sehen wir Lucifer in der Nacht mit seinen Trabanten vergeblich bemüht, das Kreuz vom Straßburger Münster zu reißen. Auch will er die Glocken zerstören, da dieselben jedoch mit heiligem Wasser geweiht sind, so hat er keine Macht über sie. Darnach will er die Fenster zerbrechen; doch da wird ihm die Kunde, daß der Erzengel Michael dieselben mit dem Schwerte, womit er den Teufel aus dem Himmel gejagt habe, beschütze. Dem Portal kann Lucifer auch nichts anhaben, weil die Apostel als Wächter davorstehen; so überläßt er denn Alles der großen Zerstörerin: Zeit; die Orgel ertönt und die Höllengeister verschwinden nach anderen Regionen.

Dem in seinem rheinischen Schlosse um Mitternacht sitzenden Fürsten Heinrich stattet nun Lucifer einen Besuch ab; führt sich als reisender Arzt ein, dessen Aufgabe es sei, sogenannte unheilbare Krankheiten zu heilen. Heinrich beschreibt darauf die seinige und erwähnt auch des unmöglichen Heilmittels, das ihm die Salerner Aerzte angerathen haben. Nun gießt Lucifer aus einer Flasche eine Flüssigkeit, nach seiner Meinung ein Elexir, das Alte jung mache, und den Tod von der Thüre halte, in einen Becher und giebt Heinrich zu trinken, worauf er sich entfernt. Als Heinrich den ersten Schluck gethan, fühlt er anfangs das Fieber der Jugend durch seine Adern toben, wonach eine wohlthuende Ruhe über ihn kommt. Doch ein Engel singt, das sei nur die Ruhe des luftberaubten Feuers, oder die Ruhe des Wassers zwischen Ebbe und Flut. Heinrich trinkt wieder. Der Engel warnt ihn nochmals; der Inhalt des Bechers stamme vom Engel des Todes und das Leuchten der Flüssigkeit sei das Blitzen seiner höllischen Augen. Heinrich sinkt wie berauscht nieder und preiset die Geschicklichkeit des Arztes, durch die er Gesundheit und Jugend zurückerhalten habe. Darauf verschwindet der Engel.

In der nächsten Scene klagt der alte Seneschal Hubert, den wir am Thore des Schloßgartens treffen, daß nun die frohen

Gäste fern bleiben, und daß auf den Gartenpfaden Gras wachse; doch da erinnert ihn der plötzliche Klang eines Jagdhorns an vergangene Tage; Walther (von der Vogelweide), ein alter Bekannter, tritt ein, und Hubert erzählt ihm das Unglück seines guten Herrn, der sich nun im Odenwalde bei guten Lehnsleuten aufhalte.

Bald führt uns auch der Dichter wieder zu Heinrich. Er liest die Geschichte des Mönchs Felix, der von einem singenden Vogel in die Ferne gelockt worden und bei'm Heimgange die Entdeckung macht, daß er hundert Jahre in der Fremde gewesen. Else kommt, bringt Heinrich Blumen und erzählt ihm die rührende Legende von Christum und der Tochter des Sultans.

Die Tochter des Sultans ist ausgegangen, um Blumen zu suchen und indem sie die Farbenpracht derselben bewundert, äußert sie den Wunsch, doch auch Etwas vom Schöpfer der Blumen, der sie aus der kalten Erde hervorrufe, zu wissen. Gern wolle sie den Palast ihres Vaters verlassen, um in seinem Garten zu arbeiten. In der Nacht darauf erscheint ihr Jesus, giebt ihr einen Ring und fragt sie, ob sie seine Braut sein wolle. Seine Wunden bluten und das Mädchen spricht:

„Wie roth doch dein Herz ist! Deine Hände sind voll Rosen."

„Deinetwillen", erwidert Jesus, „ist mein Herz so roth, und die Rosen, die ich dir bringe, habe ich unter dem Kreuze gesammelt, an dem ich für dich gestorben bin."

Die Tochter des Sultans folgt ihm und Else fügt hinzu, sie würde dasselbe gethan haben.

Daß Else sehr zu religiöser Schwärmerei geneigt ist, scheint, außer in ihrer individuellen Disposition, auch in dem Eindrucke zu suchen sein, den das häusliche Leben ihrer frommen Eltern auf sie gemacht hat. Ihre Mutter bemerkt, daß Else merkwürdige Visionen habe, und nach ihrer Rede viel älter erscheine, als sie wirklich sei. Sie hat sogar Christum an der Seite Gottes stehen und ihr winken sehen. Sich für ihren Herrn zu opfern, erscheint ihr nur eine kleine Gegengabe für den Kreuzestod ihres Erlösers. Der Vater meint zwar, es sei schwer, zu unterscheiden, ob jene Inspiration göttlichen oder teuflischen Ursprungs sei; unter jeder Bedingung aber müsse Gottes Gebot befolgt werden. Else will deshalb mit den Priestern Rücksprache nehmen.

In der nächsten Scene wird uns der Teufel in der Kirche gezeigt. Er wundert sich, daß man ein solches dunkles Haus die Wohnung Gottes nennen könne; das Weihwasser schmeckt ihm wie die fade Suppe eines Fasttages, und als er an die Armen- büchse tritt, bemerkt er, nur er und die Priester wüßten, wohin das Geld aus derselben wandere. Da ihm jenes „Institut" seine Interessen zu fördern scheint, so wirft er auch selbst ein Almosen hinein. Darauf setzt er sich in den Beichtstuhl und wundert sich, wie ein Priester Jahr aus Jahr ein sich Sünden erzählen lassen kann, ohne an der menschlichen Tugend überhaupt zu verzweifeln.

Nun tritt Heinrich ein, dem Lucifer den Rath gibt, Else's Opfer ja anzunehmen; dann spricht er ihn von aller Sünde frei und ertheilt ihm murmelnd den satanischen „Segen":

Maledictione perpetua,
Maledicat vos,
Pater eternus!

Heinrich und Else begeben sich nun mit der Erlaubniß der Eltern der Letztern auf die Reise nach Salern. In Straßburg, wo sie auf einige Tage Halt machen, begegnen sie Walther von der Vogelweide, der auf einer Wallfahrt als Kreuzzügler nach dem heiligen Lande begriffen ist.

Am nächsten Tage ist Ostern, und der Mönch Cuthbert hält eine belustigende, mit Peitschenknallen begleitete Auferstehungspredigt, die Longfellow dem Pater Barletta, einem Dominikanermönch des 15. Jahrhunderts, entnommen hat. Dann kündigt er an, man werde noch ein Mirakelspiel*) aufführen. Ein solches theilt nun Longfellow als Zwischenspiel mit, in dem Sprache und Anschauungs- weise des christlichen Mittelalters wirklich treffend nachgeahmt sind. Gabriel fliegt aus dem Himmel, und verkündet Marien am Brun- nen, daß sie zur Mutter des Heilandes bestimmt sei. Die Engel der sieben Planeten tragen dann den Stern von Bethlehem umher. Bald erscheinen die Könige aus dem Morgenlande, besuchen Marie und Joseph im Stalle, und bringen ihre Huldigungen und Ge- schenke dar, wofür sie einige Windeln Jesu zum Andenken erhalten.

---

*) Heinrich nennt es im Gespräche mit Else ein Mysterium (mystery). Der Unterschied zwischen miracle und mystery ist überhaupt wenig beachtet worden. Das Sujet des Ersteren ist der Bibel und das des Letzteren dem „Leben der Heiligen" entnommen.

Die „Goldene Legende." 63

Dann sehen wir, wie die Eltern Jesu auf ihrer Flucht nach
Egypten von Räubern angefallen werden und das Gotteskind erkennt in einem derselben denjenigen, dem er späterhin am Kreuze
den Eingang in's Paradies zusichern wird.

Herodes, der mit einem „Potztausend! Himmelsakrament!"
auftritt, setzt sich zu einer Flasche Wein an's Fenster und sieht
dem bekannten Kindermorde zu. Kurz darauf fällt er nieder und
krümmt sich, als ob er von Würmern verzehrt würde. Jesus
wächst auf, thut Wunder u. s. w.

Dieses ist der Inhalt des köstlichen Zwischenspiels, das man
gern eine Persiflage der alten Mirakelspiele nennen möchte.

Heinrich und Gefolge reisen nun ab. Ihre nächste Station
ist das Kloster Hirschau im Schwarzwald, wo wir mit dem
Scriptorium der Mönche und der Geschichte des Klosters ausführlich vertraut gemacht werden. Heinrich findet auch daselbst
seinen ehemaligen Feind, den Grafen Hugo, wieder und zwar als
reumüthigen, blinden Büßer. Auch er bedauert seinen früheren
Stolz und seine grenzenlose Unbarmherzigkeit, und beide knieen
darauf zu einem brünstigen Gebete nieder.

Um Mitternacht kommen die Mönche zu einer Bachanalie
zusammen, zu der sich auch Lucifer einfindet. Er ist als Mönch
verkleidet, und gibt vor, auf dem Wege nach Rom zu sein; in
seiner Abtei, erzählt er, gingen die Mönche, damit sie sich nicht
durch den beständigen Anblick der Heiligenbilder zu Tode lang-
weilten, fleißig auf die Jagd, und auch um Mitternacht rufe sie
keine Glocke aus dem Schlafe oder froher Gesellschaft, um vor-
geschriebene Gebete herzusagen. Abälard sei ihr Abt und habe
einmal versucht, sie zu reformiren; da jedoch sein Verhältniß zur
Heloise allgemein bekannt gewesen sei, so habe er mit seinen Be-
strebungen wenig Erfolg gehabt.

Während nun Alle auf das Wohl der Heloise den Becher
leeren, erblickt Lucifer ein bleiches Gesicht am Fenster; dasselbe gehört einem Spion, den sie augenblicklich ergreifen und
wacker durchbläuen. Kaum ist dieser Auftritt vorüber, so tritt
der Abt ein und donnert im Style Abraham a Santa Clara's
über die im Kloster eingerissene Sittenverderbniß los.

Im benachbarten Nonnenkloster unterhält sich inzwischen die
Aebtissin Irmingard mit Else, und theilt ihr mit, daß ihr Vater

sie in ihrer Jugend dem Fürsten Heinrich von Hohenech zur Gemahlin habe geben wollen; ihr Herz aber habe dem Minnesänger Walther von der Vogelweide gehört, und da ihr Vater ihr die Alternative, Fürst Heinrich oder Kloster, gestellt, so habe sie das Letztere vorgezogen.

Auf dem Wege über die verdeckte Brücke zu Luzern in der Schweiz muß Heinrich seiner Else den dort angebrachten Todtentanz erklären, und sie bemerkt darauf, das Leben sei auch eine verdeckte Brücke, die nach kurzer Dunkelheit in's ewige Licht führe.

Späterhin auf der Teufelsbrücke läßt Longfellow den Führer die sagenhafte Geschichte derselben erzählen. Der heimlich gegenwärtige Teufel lacht herzlich über die Mittheilung, daß er bei dem Bau der Brücke betrogen worden sei und sagt, für Reisende, wie diese, ließe er sie gern in alle Ewigkeit stehen.

Wir begleiten nun das Paar über den Sanct Gotthardt nach Genua. Heinrich ist ganz bezaubert von der Schönheit des Meeres und leiht seinem Gefühle prächtige Worte; Else hingegen ist in dem Anblick des Himmels versunken und die ihr vom Dichter in den Mund gelegten Worte sind von hohem poetischen Werthe.

In Salern müssen wir natürlich erst einen Blick auf das dortige wissenschaftliche Treiben werfen und einem spitzfindigen Wortgefechte über scholastische Haarspaltereien lauschen. Auch sehen wir, wie ein fahrender Scholast 125 Thesen an die Thüre der Universität schlägt und sich erbietet, dieselben in einer Disputation mit dem „Schwerte der Zunge" aufrecht zu erhalten. Lucifer, der sie liest, bemerkt seelenvergnügt, sein Reich sei sicher, so lange die Menschen sich noch mit solchem Unsinn plagten.

Nun treten Heinrich und Else ein, und Lucifer gibt sich ihnen als der gesuchte Arzt Angelo zu erkennen. Else erklärt sich bereit, den Todesgang anzutreten und da sie ringsum allgemeine Trauer erblickt, sagt sie:

Weinet nicht, meine Freunde,
Lieber freut Euch mit mir.*)

und schickt sich an, in das Secirzimmer zu gehen. Heinrich will's jedoch nicht zugeben, und sagt dem Arzt, er solle nicht auf ihre

---

*) Aehnlich läßt Schiller Maria Stuart (5. Act, 6. Auftritt) auf ihrem letzten Gange sagen:
Was klagt ihr? Warum weint ihr? Freuen solltet
Ihr euch mit mir!

Worte hören, da sie wahnsinnig sei. Lucifer geht aber mit dem Mädchen in das genannte Zimmer und da Heinrich zu folgen versucht, wird er zurückgestoßen. Dieser klagt nun seine Begleiter an, daß sie eine solche Schandthat zuließen und rüttelt unbändig an der Thüre. Else ruft ihm von innen ein Lebewohl zu, das aber für die Außenstehenden ein Aufruf zu erneuerter Kraftanstrengung ist. Die Thüre wird erbrochen und Else ist gerettet! — —

Ursula, Else's Mutter, sitzt spinnend im Landhause auf dem Odenwalde und beklagt ihr bitteres Schicksal. Ein Förster tritt ein und erzählt, daß sich Fürst Heinrich auf dem Heimwege befinde. Er sei durch Berührung der Knochen des heil. Matthäus geheilt worden, und werde nun Else, die auch wohlbehalten zurückkehre, zur Ehegattin nehmen.

In einer späteren Scene sehen wir Heinrich mit den Vorbereitungen zur Hochzeit beschäftigt. Darauf erfolgt der Epilog. Die zwei mit der Aufzeichnung der guten und bösen Thaten beauftragten Engel steigen zum Himmel auf. Der Engel der guten Thaten hat sein Buch geschlossen; er hat jenes seltene Ereigniß mit goldenen, nie vergänglichen Buchstaben darin eingetragen, und preiset die Tugend der Sanftmuth und Selbstverleugnung. Der Engel der bösen Thaten schließt sein Buch erst, nachdem er eine hellere Seele unter sich bemerkt hat, woraus er folgert, daß dieselbe der Strafe entgangen sei. Beim Aufsteigen erblickt er den Schatten Lucifer's und sagt, Gott lasse jenen Geist deshalb existiren, weil er doch etwas Gutes hervorbringe, wenn wir es auch nicht gleich verständen; er wolle stets das Böse, schaffe jedoch das Gute.

* * *

Wenn wir der Ouvertüre des Wagner'schen „Lohengrin" aufmerksam lauschen, so wird uns die zarte Hinweisung des Componisten auf den romantischen Charakter seiner Oper schon durch die ersten 12 oder 15 Takte nicht entgehen. Gleich Sphärenmusik aus weiter Ferne erklingen die Violinen und unsere Phantasie wird unwillkürlich in das Zauberreich der Romantik geleitet. So auch deutet Longfellow in seinem Prologe, dessen handelnde Personen hier in der Luft schwebende Geister und zwar höllische sind, erstens den dämonischen Grundzug seines Drama, der bei

Hartmann von Aue weniger in den Vordergrund tritt, an, und dann weist er darauf hin, daß die Erzählung nicht in das Bereich der Wirklichkeit, sondern in das der Phantasie gehört.

Heinrich, der von Longfellow viel weicher und sanfter dargestellt wird, als von Hartmann, ist von der unheilbaren Miselsucht befallen, über die schon das mosaische Gesetz ausführliche Vorschriften enthält. Die mit dieser Krankheit Behafteten durften nicht mit andern Menschen zusammen wohnen und konnten nur mit entblößtem Kopfe, verhüllten Lippen und zerrissenen Kleidern ausgehen. Die Heilung geschah dadurch, daß von zwei Vögeln einer „am fließenden Wasser" geschlachtet wurde, und der andere, mit dessen Blute gewaschen, nun, als mit dem Krankheitsstoffe behaftet, in Freiheit gesetzt ward. Vorher wurde auch der Kranke siebenmal mit dem Blute des Vogels besprizt — also ein ähnliches Verfahren wie bei dem jährlichen jüdischen Versöhnungsfeste, bei dem ein Bock geschlachtet, und der andere, dem vorher die Sünden der Juden aufgebürdet worden, in die Wüste gejagt wurde.

Auch im Mittelalter waren die Aussätzigen zu einem einsamen und freudelosen Leben verdammt. „Fremde Aussätzige," sagt Grimm, „wurden sofort über die Grenze gewiesen, einheimische auf Kosten der Angehörigen mit Hut, grauem Mantel, Schelle und Bettelsack bekleidet, und in ein entferntes Hüttchen geführt, wo sie einsam wohnen mußten. In der Kirche ward der Aussätzige von andern getrennt, man las ihm eine Todtenmesse, als ob er schon verstorben wäre.*) Ihre Hütten wurden elendig auf vier Pfähle gebaut, oft an das Meeresufer, oft an die große Heerstraße. Sie mußten schellen (oder klappern), um Vorübergehende zu warnen, daß sie sich ihnen nicht näherten; auf der andern Seite lag ihr Hut oder eine Schale, um das Mitleid anzusprechen. Weiber und Männer trennten sich, wenn eins von ihnen der Aussatz befiel; Ritter und Frauen wurden aus ihrer Burg verbannt und verstoßen und von ihrer Dienerschaft verlassen."

Die Grundidee der erwähnten Opfer ist unstreitig der Glaube, daß das Reine auf ein Unreines übertragen werden könne. Daß zu diesem Zwecke von jeher das Blut als ein besonders geeigneter

---

*) Longfellow läßt dies mit seinem Helden geschehen.

Saft galt, ist ebenfalls eine in der Geschichte der Literatur häufig vertretene Ansicht. Man hielt eben das Blut für den Inbegriff des Lebens, eine Idee, die in der Transfusion desselben neuerdings zu medicinischer Bedeutung gelangt ist.

Alles Reine in der Natur hat heilende Kraft; der Athem gesunder Knaben und Mädchen soll, nach einer alten Schulmeister=erfahrung, das Leben der Greise verlängern und die Erbsünde wird bekanntlich durch reines Wasser vom Täufling entfernt. Auch finden wir in Christi Versöhnungstod einen weiteren Beleg für die althergebrachte Auffassung von der reinigenden Kraft des Blutes.

Alt=germanische und christliche Ansichten stimmen in diesem Punkte merkwürdig überein. Schon in der Edda finden wir das Blut als Sühnemittel erwähnt, und ebenso bekannt ist es, daß unsere nordischen Vorfahren zum Zeichen eines Bündnisses entweder Blut tranken, oder es gegenseitig in ihre Fußspuren träufelten.*)

Auch die Griechen schrieben, zahlreichen Sagen nach, einem reinen Opfer heilsamen Einfluß auf das Wohl von Individuen oder Nationen zu. So konnte z. B. Admetos nur dann genesen, wenn sich Jemand aus freien Stücken für ihn opferte. Dies that dann seine Gemahlin Alkestis; aber Herkules hielt den Todesgott so lange in seinen Armen fest, bis derselbe zugab, daß er sie seinem Freunde Admetos wieder brächte.**)

So auch geht Iphigenie zum Besten der Achäer in den Opfertod, aber sie wird noch zur rechten Zeit in einer Wolke nach Tauris entführt.

Bei den meisten derartigen Opfern scheint es stets darauf abgesehen zu sein, die Festigkeit des menschlichen Willens zu erproben; im entscheidenden Augenblicke tritt stets ein deus ex machina als Retter ein und die thränenreiche Geschichte löst sich schließlich in allgemeines Wohlgefallen auf.

Während bei Hartmann hauptsächlich die Liebe zu dem Grafen und den Eltern, außer der Sehnsucht nach dem Himmel, die

---

*) Siehe S. 17 u. f. w. Ettmüller, Nordischer Sagenschatz. Leipzig 1870.

**) Admetos verlangt auch von seinem betagten Vater, daß er sich für ihn opfere, und schimpft ihn ganz pöbelhaft (wenigstens in Euripides' „Alkestis"), als er sich nicht dazu entschließen will.

Hauptmotive zur Opferfreudigkeit des jungen Mädchens bilden, und der Dichter auch darin die Erklärung ihres auffallenden Begehrens gesucht hat, macht Longfellow, dem jene Gründe nicht einleuchtend oder hinreichend geschienen haben mögen, seine Heldin zu einer vollkommen religiösen Schwärmerin und Visionärin; denn daß die mittelalterlich-christlichen Anschauungen der heutigen Generation gänzlich fremd sind, hat er klar gefühlt, und er faßt daher das Begehren des Mädchens als eine durch die betreffende Zeitrichtung bedingte Krankheitserscheinung auf. Trotzdem aber klingt bei dem neueren, wie bei dem älteren Dichter jener Sage der Vers des „Parzival":

   Nichts in der Welt so rein doch ist,
   Als die Maid, die frei von arger List.

rein und mächtig durch.

 Hartmann versucht Alles natürlich zu erklären; sogar die eigenthümliche Heilung des Aussätzigen hat für seinen Bergeversetzenden Glauben nichts Anstößiges. Longfellow hingegen läßt den Teufel überall mit im Spiele sein; Lucifer erscheint im Beichtstuhle und beredet Heinrich, sich das Opfer wohlgefallen zu lassen; er will es auch selber abschlachten, was bekanntlich der alten Volksansicht, wonach der Teufel mit dem Leibe auch die Seele bekommt, vollkommen entspricht. Dadurch aber hat er den dämonischen Charakter des Gedichtes mehr in den Vordergrund treten lassen, als er vielleicht seiner sonst häufig zur Schau getragenen streng christlichen Gesinnung nach wollte. „Goldene Legende" nannte er sein Werk übrigens deshalb, weil es, wie er in einer Anmerkung sagt, in dem corrupten Leben des Mittelalters die Selbstverläugnung und Selbstaufopferung über alle anderen Tugenden stelle.

 Daß auch Longfellow die Absicht hatte, eine lebendige Anschauung altchristlichen Lebens und Treibens in Deutschland zu liefern, ist ebenfalls auf den ersten Blick ersichtlich. Das Mönchsthum und die Umtriebe der Scholasten hat er trefflich gezeichnet und die zahlreich eingeflochtenen Legenden, deren Auswahl ein feines poetisches Gefühl bekundet, zeigen, daß er seinen Gegenstand nach allen Seiten hin zu erschöpfen gesucht hat.

 Auch ein anderes, bei Longfellow sehr seltenes Element, nämlich das humoristische, sehen wir hier vertreten. Die Reden Cuthbert's, deren Ton allerdings nicht an den der lasciven Pre-

bigten streift, wie sie im 1. Band von Scheible's „Kloster" nach=
zulesen sind, die sarkastischen Bemerkungen Lucifer's und die haar=
spaltenden Disputationen in Salern geben außer dem eingeflocht=
tenen „Mirakelspiel" Stoff genug zu angenehmer Erheiterung.
Was jedoch das Auftreten Walther's von der Vogelweide
in diesem Stücke bedeuten soll, ist uns nicht recht klar, da er
mit dem Gang der Handlung nicht im geringsten Zusammenhange
steht. Sicherlich hat nur Longfellow damit seiner Vorliebe für
jenen Minnesänger Genüge thun wollen.

Grimm sah in Hartmann's Gedichte einfach eine alte Opfer=
sage; Longfellow scheint, dem Epilog zufolge, darin den Streit
zwischen dem Guten und Bösen zu sehen. Letzterem gesteht er
sogar die Nothwendigkeit der Existenz zu, weil er glaubt, daß es
das Gute befördere.

Daß der Inhalt des alten Gedichtes auch nicht immer Bei=
fall gefunden hat, gibt Longfellow dadurch zu, daß er Edward
Leight's Bemerkung darüber in seinen Noten abdrucken läßt. Die=
ser Schriftsteller nennt es nämlich „ein Buch, geschrieben von
einem, für die Verworfenheit der vernunft= und verstandlosen
Irrthümer gefühllosem Manne, der aber doch die unverschämte
Frechheit besitzt, solche fabelhaften und unglaublichen Dinge zu
berichten." Longfellow setzt nun hinzu, diese Bemerkung sei
„in much distress of mind" geschrieben.

Göttliche Tragödie. Christus.

Die poetische Behandlung einzelner Episoden aus dem Leben des Zimmermannssohnes von Nazareth und der biblischen Stoffe überhaupt hat, wenn wir von einigen Gedichten Byron's und Gerock's absehen, von jeher kein besonderes Glück gehabt.

Mit Milton's „Verlornem Paradiese" sucht man hier und da den Schülern amerikanischer Collegien christlichen Geschmack an der Literatur beizubringen, und man weiß auch recht gut, mit welchem Erfolge; um sich jedoch einen literarischen oder ästhetischen Genuß zu verschaffen, rührt es höchst selten ein Mensch an. Ebenso geht es mit der „Messiade", zu der es mittelst der Bodmer'schen Uebersetzung die Veranlassung gab. Höchstens liest man, wenn Einen sein Beruf zwingt, jedem in die Literaturgeschichte eingesargten Schund eine gewisse Aufmerksamkeit zu schenken, die ersten drei Gesänge, um sich zu vergewissern, daß die allgemeine Annahme, dieselben hätten die Unsterblichkeit Klopstock's zu verantworten, auf sicherer Basis beruhe. Meistens hat alsdann der eifrige Leser genug von jenem, längst überwundene Anschauungen vertretenden Gedichte; er hat zur Genüge erkannt, daß Klopstock den Schauplatz seiner wenigen Handlungen in Sphären verlegt, die jeder sinnlichen Vorstellung trotzen. Seine Personen sind abstrakte, nebelhafte Ideale, weshalb auch Schiller sehr treffend bemerkt: „Klopstock zieht Allem, was er behandelt, den Körper aus, um es zu Geist zu machen."

Bodmer's, unter Klopstock'schem Einflusse geschriebene „Noachide" und „Patriarchaden", sind, was viel sagen will, noch bedeutend langweiliger und ungenießbarer und somit auch noch werthloser. Und wem fällt es heutigen Tages noch ein, sich an Geßner's „Der Tod Abels" zu vergreifen? Sagt doch sogar der hyperchristliche Vilmar, jenes Gedicht sei zum Unerträglichen dünn und süß!

Wo aber ist nun der Grund für die Erfolglosigkeit, oder vielmehr Unpopularität jener Werke zu suchen? Im Stoff sicherlich nicht; benn im alten wie im neuen Teſtamente giebts poetiſche Momente genug, um die Maſſe dafür begeiſtern zu können; in der Sprache der genannten Dichter auch nicht, denn dieſelbe war für die damalige Zeit muſtergültig; auch können wir die Einwendung einiger Literar-Hiſtoriker nicht gelten laſſen, daß der Inhalt der Bibel den Leuten in keiner andern Form, als in der originalen gegeben werden dürfe, weil das ehrwürdige Anſehen derſelben leicht geſchmälert würde. Aber ſollen denn die Dichter, wenn ſie einen mythologiſchen Hintergrund zur Illuſtration ihrer Gedanken brauchen, ſtets bei den alten Griechen, Römern oder den Urgermanen vorſprechen? Sollte die bibliſche Mythologie ein „noli me tangere" ſein?

Was die von Gott direkt inſpirirte Bibel berichtet, ſind unumſtößliche Thatſachen, ſagt darauf der buchſtabenſelige Chriſt; ſo dachten die genannten Dichter auch und dieſem Umſtande verdanken ſie es, daß ihre Werke literariſche Verſteinerungen, wenn man ſo ſagen darf, geworden ſind. Die Anſichten über den Werth der Bibel haben ſich in den letzten dreißig Jahren ganz merkwürdig geändert, und wer heute noch allen Ernſtes die Geſchichte von der Arche Noäh und dem ſprechenden Eſel Bileams glaubt, muß ſich gefallen laſſen, entweder zu den Betrogenen oder Betrügern gerechnet zu werden. Auch wird es nach den Forſchungen von Strauß, Renan u. ſ. w. ſtets eine beſchwerliche Aufgabe für die Theologen ſein, Jeſum als den wahrhaftigen Sohn Gottes und als das zur Verſöhnung zwiſchen Gott und Menſchen nothwendige Opferlamm wieder einzuſetzen, da der jetzigen Generation ein Renan'ſches Chriſtusbild viel näher und wahrſcheinlicher iſt, als irgend ein anderes, von der Bläſſe der Orthodoxie angekränkeltes.

Nach dem bis jetzt Angedeuteten iſt es nicht auffallend, daß das im Jahre 1871 erſchienene dramatiſche Gedicht Longfellow's „The Divine Tragedy" nicht den geringſten Anklang fand, und gleich nach der Veröffentlichung in die Rumpelkammer geworfen wurde. Die Amerikaner ſind zwar im Allgemeinen mit ihren Lieblingen bis zu einem erſtaunlichen Grade langmüthig und geduldig; Longfellow's überaus langweilige Paraphraſe der Lebensgeſchichte Jeſu aber haben ſie, obgleich der ſtrenggläubige Standpunkt des Verfaſſers ganz der ihre iſt, faſt gänzlich unbeachtet gelaſſen, und damit zugleich die wirkſamſte Kritik ausgeſprochen.

Es ist überhaupt schwer zu sagen, was Longfellow mit diesem Werke eigentlich bezweckte. Wollte er zur Wiederbelebung der mittelalterlichen Mirakel- und Mysterien-Spiele anspornen, so war sein Bestreben schon von vornherein ein verfehltes, denn Vorstellungen, wie das Passionsspiel von Ober-Ammergau, gewähren kein künstlerisches, sondern nur noch historisches Interesse, indem sie die primitive Entwickelung der dramatischen Kunst vor Augen führen.

Longfellow führt uns in seinem Werke die bedeutungsvollsten Episoden aus den drei Lehrjahren Jesu vor. Im Prolog wird der Prophet Habakuk von einem Engel durch die Luft getragen und ihm der Zustand seiner Nation, der da andeutet, daß sie nun im höchsten Grade der Erlösung bedürftig sei, gezeigt. Dann predigt Johannes am Jordan Buße; Jesus wird vom Teufel, der aber nicht in seiner „natürlichen" Gestalt, sondern als innere Stimme der Versuchung auftritt, in die Wüste, auf die Tempelspitze und dann auf einen hohen Berg geführt, um ihn zu bereden, seiner Aufgabe untreu zu werden; dann sehen wir ihn mit seinen Jüngern auf der Hochzeit zu Cana, woselbst er, während die Sänger einige Verse aus dem „Hohen Liede" recitiren, das bekannte, aus ästhetischen wie moralischen Gründen so anstößige Wunder verrichtet. Christus treibt später unzählige Teufel aus, unterhält sich während der Nacht mit Nikodemus über die Wiedergeburt, belehrt das samaritische Weib am Jakobsbrunnen, läßt sich in scharfe Disputationen mit den Pharisäern ein, und wird, nachdem ihn Judas verrathen, von römischen Kriegsknechten gefangen genommen. Pilatus, der seiner Verachtung des an alten Traditionen klebenden Volkes Israel energischen Ausdruck verliehen, sucht vergeblich ihn zu retten, und dann sehen wir Jesum auf Golgatha verscheiden.

Seinen Verräther Judas läßt Longfellow auf Hakeldama Selbstmord begehen, was sich übrigens geschichtlich nicht gut rechtfertigen läßt. Nach Matthäus erhenkt sich bekanntlich Judas, nachdem er seinen Sündenlohn in den Tempel geworfen hatte; der Apostelgeschichte zufolge, in der wir nichts über seine vermeintliche Reue erfahren, findet er seinen Tod durch einen Sturz, wobei jedoch nicht gesagt wird, ob derselbe ein zufälliger oder absichtlicher war. Doch dies mag Nebensache sein.

Longfellow läßt uns auch der Auferstehung Jesu, und seinem Erscheinen nach dem Tode beiwohnen und schließlich recitiren die zwölf Apostel das Symbolum Apostolicum.

Damit ist die Erlösung des Menschengeschlechts beendet, das betreffende Glaubensbekenntniß bildet den Schlußstein derselben und zugleich auch den Grundstein oder vielmehr den papiernen Papst der christlichen Kirche. „Das Wort sie sollen lassen stahn" konnte späterhin mit Luther ein jeder Kämpe des Christenthums, ohne Unterschied der Confession, wiederholen.

Longfellow's Gedicht, wenn man es eigentlich so nennen darf, ist also weiter nichts, als eine in dramatischer Form, oder vielmehr in Gesprächsform umgearbeitete Geschichte Jesu Christi, wie wir sie in den Evangelien finden. In der Sprache und Ausdrucksweise hat er sich streng an seine Originale gehalten, und von seiner Vorliebe für langausgedehnte Personal- und Lokal-beschreibungen, wie er sie nicht allein in seinen epischen, sondern auch in seinen andern dramatischen Werken, wie in der „Goldnen Legende" und dem „Spanischen Studenten" zur Schau trägt, scheint er diesmal, ganz abgekommen zu sein. Daburch hat er allerdings seine „Göttliche Tragödie" vereinfacht, dieselbe aber auch jedes poetischen Reizes entkleidet.

Im Jahre 1873 gab Longfellow seine 3 geistlichen Dramen unter dem Collectiv-Titel „Christus" heraus und suchte dieselben durch kurze Zwischenspiele (interludes) zu verbinden. In der „Göttlichen Tragödie" zeigte er den Stifter der christlichen Religion in den Hauptmomenten seines Lebens und ließ sein Lehrsystem im Symbolum Apostolicum zum Abschluß bringen, wodurch der Weiterentwicklung des Christenthums die Bahn vorgezeichnet war: der Glaube an den Buchstaben war somit zur Hauptsache geworden, und die folgenden beiden Tragödien zeigen dann recht deutlich, wie derselbe einerseits krassen Aberglauben und andrerseits blutige Intoleranz im Gefolge hatte.

Der Abt Joachim in Calabrien, welcher das erste Zwischenspiel durch einen langen Monolog ausfüllt, ist bereits stark von religiösen Idiosynkrasien angekränkelt und sieht das Princip der Dreieinigkeit überall in der sichtbaren und unsichtbaren Schöpfung walten. Sogar die Weltgeschichte ist eine dreitheilige; zu den Zeiten der Patriarchen verkehrte Gott mit den Menschen direct;

aber er zeigte sich meist als Gott des Zornes, der das Kleid der Wasserfluth, des Feuers oder des Erdbebens angelegt hatte.

Mit dem Auftreten des Gottessohnes beginnt das Regiment des Gesetzes und das dritte Zeitalter, das soeben seinen Anfang genommen hat, wird vom heiligen Geiste beeinflußt. Es soll die Regierung der Liebe sein und die Klöster ihre Tempel, von deren Mauern das ganze Land erglänze. Man sieht, die Apologie des Katholicismus ist keine schlechte; schade nur, daß die Illustration desselben ein Protestant geschrieben hat.

Die nun folgende „Goldene Legende" kehrt allerdings das Princip der Liebe nach Kräften heraus; viel deutlicher sind jedoch darin der christliche Aberglaube und die religiöse Ueberspanntheit gezeichnet, wie sie unbedingt aus dem durch ein Glaubensbekenntniß inaugurirten Buchstabenglauben hervorgehen mußten. Wir sehen hier also den Katholicismus in seiner höchsten Blüthe; er beherrschte Land und Leute, Kunst und Wissenschaft und das Resultat seiner Wirksamkeit war eine allgemeine krankhafte Gemüthsstimmung.

Im Interludium vor der 3. Abtheilung, den „Neuenglands-Tragödien", erblicken wir den Buchstabenhelden des Protestantismus auf der Wartburg, woselbst er seinen majestätischen Choral „Ein' feste Burg" in Musik setzt. Er befindet sich dabei beständig im Streite mit dem Teufel, widmet seinen zahlreichen, mit ihm nicht übereinstimmenden Widersachern allerlei derbe Schimpf-Worte und wünscht den Papisten alles Mögliche, nur nichts Gutes. Ueber Erasmus ist er besonders erbittert und sagt: wenn er zu Gott bete, so bete er auch stets um einen Fluch für ihn. Nur auf Melanchthon, dem er auch seinen Choral schickt, ist er merkwürdig gut zu sprechen und bemerkt sehr characteristisch:

>   Res et verba Philippus,
>   Res sine verbis Lutherus,
>   Erasmus verba sine re.

Der alte Abt Joachim würde dazu sagen: das Reich der Liebe ist vorbei und die breittheilige Zeit fängt wieder mit dem Regimente des Zornes an.

Und von solchen Tagen des Zornes entwirft Longfellow nun in den „Neu-Englands-Tragödien" ein blutiges Bild; der Buchstabenglaube zeigt sich in seiner schrecklichsten Consequenz, nämlich in der Bekriegung und Ermordung derer, die das Recht beanspruchen, Gott auf ihre Weise zu verehren. Mit Recht klagt daher Johannes, der Apostel der Liebe, im „Finale", daß trotz des Christenthums das Böse noch existire und Krieg statt Frieden herrsche. Er benetzt die Erde mit seinen Thränen, weil die zahlreichen „unfehlbaren" Glaubens-Bekenntnisse die Köpfe der Menschen verwirren und die daraus entspringenden Streitigkeiten ihre Herzen verstocken. Wehmüthig gedenkt er dessen, mit dem er durch die goldenen Kornfelder Galiläa's ging und aus seinem Munde Worte des ewigen Lebens vernahm. Sein Grundsatz ist — und dies ist zugleich der leitende Gedanke des Longfellow'schen Werkes —, daß nur der ein frommer Mann sei, der den Willen des himmlischen Vaters thue, und nicht der, der dessen Namen nur auf der Zunge führe.

Hiawatha.

Wenn wir die Mythologie eines jeden Volkes bis zu ihrem Ursprunge, so weit sich dies eben thun läßt, verfolgen, so werden wir stets die Thatsache bestätigt finden, daß jedesmal die Naturkräfte in ihren mannigfachen Actionen von der dadurch erregten Phantasie personificirt und allmählich zu Göttern gemacht wurden. Der Herodot'sche Satz, daß die Dichter den Griechen die Gottheiten schufen, ist von universaler Bedeutung. Die Götter waren also an die Natur gebunden und die Menschen hatten sie in Allem, in Tugenden und Lastern, zu ihrem Ebenbilde gemacht. Im Haushalte der Natur galten sie gleichsam als die Kraft des Stoffes.

In der heißen Zone Indiens sehnt man sich nach Regen und blickt hoffnungsvoll auf jede Wolke; die Wolken häufen sich, Blitze durchzucken die Luft und bald gießt der erwünschte Regen in Strömen nieder. Was macht nun die rege Phantasie des Indiers daraus? Brithra, der Böse, raubt die Himmelskühe und verbirgt sie in finstern Schluchten; dann zieht Indra, der kühne Jäger, mit seinen Hunden Marut (die Winde) gegen ihn aus und schießt so lange mit Blitzen und Donnerkeilen auf ihn los, bis sich die Schluchten wieder öffnen und die Himmelskühe frei werden, die nun der Erde den segnenden Regen spenden.

Der Herbst, die Zeit des Absterbens der Vegetation, wurde bei den Griechen zur Mythe vom Raub der Proserpina durch Pluto.

Die Flecken auf dem Monde schufen in Deutschland das Mährchen vom Manne mit dem Reisigbündel; Shakespeare gesellt diesem Manne noch einen Hund bei. Holland ließ ihn beim Gemüsestehlen erwischen; die scandinavische Mythologie erblickt zwei Kinder und die Indier einen Hasen darin, den Indra, um ihn zu retten, schnell auf den Mond geworfen hatte.

So sind Mythe und Mährchen eigentlich die Geschichte des menschlichen Geistes, der da Vernunft in die Naturerscheinungen legen wollte. Aus diesem Grunde verlieren sie auch nichts an ihrem Interesse trotzdem sie durch die Naturwissenschaft längst widerlegt und dadurch in Miskredit gerathen sind, daß sie im Laufe der Zeit aus egoistischen Gründen weiter ausgebildet oder vielmehr verbildet und in ein System gebracht worden sind, das der Welt nicht sonderlich zum Vortheil gereicht.

Auch in das Pantheon der amerikanischen Indianer hat der Anthropomorphismus die Götter geliefert. Als das Absolute gilt bei ihnen, wie bei dem ionischen Philosophen Thales, das Wasser oder der Ocean, der theilweise durch Vögel vertrieben, und somit gezwungen wurde, das bewohnbare Land heraus zu geben, gegen das er deshalb noch jetzt seine Wellen wüthen läßt. Der Ocean der Indianer ist das reale thai khit der Chinesen; er ist der Urquell, dem alles Leben entkeimt, weshalb er auch sehr bezeichnend von den Azteken als ein Weib mit unzähligen Brüsten dargestellt wird. Die eben erwähnten Vögel stellen die Winde dar und in mehreren indianischen Sprachen stehen die Ausdrücke für Wind, Athem, Leben, Seele, Gott, u. s. w. in etymologischer Verwandschaft. In Peru war das Küssen des Windes gleichbedeutend mit der Verehrung des großen Geistes. Mit der Bezeichnung für Wasser in Verbindung steht in einigen

Sprachen das Wort für Schlange, das ursprünglich Fluß bedeutete, und das wiederum mit den Ausdrücken für Seele und Gott verwandt ist, was denn auch die Ursache ist, daß jenes Thier heilig gehalten wird — ein Umstand, der bekanntlich einst dem Grafen Zinzendorf das Leben rettete. Eine Parallele hierzu findet sich in Manheinr, der Heimat der Menschen, nach der altgermanischen Mythologie, die von einer beständig züngelnden Schlange, dem Meere, umgeben war. Auch den Blitz halten einige Indianerstämme für eine Schlange; die Schanis nennen den Donner das Zischen der großen Schlange.

Der Ursprung und Urstoff indianischer Mythologie ist also im Wasser zu suchen; auch die meisten Götter sind ihm daher entstiegen. Das Wasser galt daher auch im Allgemeinen für heilig. Als die ersten Missionäre in Amerika es zu einer der Taufe ähnlichen Handlung benutzen sahen, hielten sie dies für das Werk des sie persiflirenden Teufels. Auch der Mond wird häufig in Originalmythen als Göttin des Wassers dargestellt, weil er durch seinen Einfluß auf den Regen, die Feuchtigkeit und den Thau der Nacht mit dem Geist des Wassers in Verbindung stehen soll.

Die zweite indianische Hauptgottheit bildet das Feuer. Es ist das Symbol des Friedens und des Glückes; Jemandes Feuer auslöschen, heißt ihn umbringen. Die Delawaren nennen es ihren Großvater und die Dacotas glauben einem Feuerstein entsprungen zu sein. Daß sich jenes Element daher auch bei verschiedenen Stämmen einer göttlichen Verehrung erfreute, bedarf wohl keiner besonderen Erwähnung.

Repräsentanten des Feuers und Wassers treten in den indianischen Mythen in Masse auf; durch die langen Zungen der Medicinmänner und die Schneeflocken des Winters ist ihre Zahl Legion geworden und der Lauf der Zeit und sonstige Zufälle haben sie mit so mannigfachen, oft sich widersprechenden Attributen ausgestattet, daß man sie nur noch mit großer Schwierigkeit auf ihren eigentlichen Ursprung zurückführen kann. Der Schlüssel dazu ist in der Etymologie der betreffenden Namen zu suchen, und auch die hat zuweilen irre geleitet und zu sehr verkehrten Ansichten Veranlassung gegeben. So hat z. B. Schoolcraft den Namen Mitschabo, die Otschipwe=Bezeichnung für den unter dem irokesischen Namen Hiawatha besser bekannten Messias der Algonkins, mit „großer Hase" übersetzt und andere Schriftsteller, die vor der Schoolcraft'schen Kenntniß jenes indianischen Idioms eine große Achtung hatten, haben ihm gedankenlos nachgeschrieben, trotzdem weder Legende noch sonst ein mythologischer Umstand mit dieser Uebersetzung in Zusammenhang steht. Unterziehen wir nun jenes Doppelwort einer genaueren Prüfung, so finden wir, daß die Schoolcraft'sche Interpretation grundfalsch ist; mitscha heißt allerdings groß, aber abo heißt nicht Hase *), sondern hell, scheinend, glänzend, oder Licht, so daß also jener Ausdruck mit „großes Licht" zu übersetzen ist. Verwandte Ausdrücke sind waban (die Silbe wa wird oft wie ein breites o gesprochen) = der Osten, wabonang = Morgenstern, (nin) wab = (ich) sehe, (mind) abis = (ich) wärme, wabeno = Zauberer, und sicherlich auch ibi = Wasser, das in Zusammensetzungen abo heißt (z. B. ischkote-abo = Feuerwasser).

Die bei den Otschipweern oder Chippewahs gangbarste Bezeichnung für jene Gottheit ist menabuscho oder menaboscho, deren Grundbedeutung aus dieser Form wol schwer zu ermitteln ist; denn die Erklärung des Missionärs Jacker, eines Mannes, der die Indianer für über die Aleuten gekommene Asiaten hält, daß die erste Silbe das Sanskrit mann (Mann) und die zweite das Otschipwe bos oder bosi (sich einschiffen) sei, mit welch' letzterer Silbe nämlich auf Menabuscho's Abfahrt hingedeutet sein soll, wollen wir hier auf sich beruhen lassen. Nach unserer Meinung scheint jenes Wort eine verderbte Verbindung der indianischen Wörter für „hell" und mini (Ausfluß) zu sein.

Mitschabo wird als Herrscher der vier Himmelswinde bezeichnet; er ist der Mythe nach ein Enkel des Mondes, sein Vater ist der Westwind, seine Mutter stirbt nach ihrer Entbindung. Dazu diene dies zur Erklärung: Der Mond ist die Göttin der Nacht, die Dämmerung ist ihre Tochter, die bei der Geburt Mitschabo's, des Morgens, das Zeitliche seguet.

Longfellow bearbeitete den in den indianischen Mythen enthaltenen hochpoetischen Stoff und ließ seine Arbeit unter dem Titel Hiawatha im Jahre 1855 in Boston erscheinen. Der

---

*) Der Otschipwe-Name für „Hase" ist wabos oder dessen Diminutiv wabenos.

Erfolg dieses Gedichtes war großartig; die Zeitungen wußten geraume Zeit für nichts anders als Hiawatha und Minnehoha zu schwärmen und sich gegenseitig an überschwenglichen Lobeserhebungen des Dichters zu überbieten. Eine Auflage nach der andern wurde vergriffen und die Ueberseher bemühten sich, den eigenthümlichen Reiz jener Dichtung fremden Nationen verständlich zu machen.

Schoolcraft, dessen Eigendünkel und eingebildete Größe als Forscher und Autorität in Allem, was Indianer betrifft, inzwischen manchen harten Stoß erlitten hatte, glaubte nun keine bessere Gelegenheit finden zu können, seinen Namen Jedermann wieder vorzuführen, als daß er schnell von allen mit Hiawatha in Verbindung stehenden, längst gedruckten und bekannten Sagen eine Gesammtausgabe veranstalten ließ, um damit anzudeuten, daß Longfellow eigentlich doch nur ihm für seine erfolgreiche Dichtung verpflichtet sei. Da nun noch durch anderweitige Umstände Schoolcraft's Name mit den amerikanischen Aboriginalforschungen verknüpft und er sicherlich nicht ohne Verdienst ist, so dürften hier einige biographische Notizen am Platze sein. Wir entnehmen dieselben dem „Personal Memoirs of a Residence of 30 years with the Indian Tribes" (Philadelphia 1850), einem Buche, das, wie Schoolcraft in der Vorrede sagt, er nur deshalb der Oeffentlichkeit übergeben habe, weil er mit vielen Celebritäten in Verbindung stehe und er sich einer bedeutenden Popularität rühmen könne; auch sei er außerdem ein recht erfreuliches Muster eines self made man und zeige, daß man auch ohne vermögende und einflußreiche Eltern und ohne eine academische Bildung genossen zu haben, ein berühmter Gelehrter werden könne. Seine Vorfahren hießen eigentlich Calcraft, da jedoch einer derselben eine Zeitlang als Schulmeister thätig war, so fand er den Namen Schoolcraft für angemessener und seine Nachkommen behielten denselben auch bei. Das uns hier beschäftigende Mitglied, Henry R. Schoolcraft, wurde am 29. März 1793 in Hamilton, im Thale von Normann's Kill, Albany County, Staat New-York, geboren. Dieses Thal ist im gewöhnlichen Leben unter dem Namen Hongerkill bekannt; die Irokesen nennen es Tawasentha und Schoolcraft belegte es mit dem „poetischen" Namen Josco. Und warum sollte es auch keinen poetischen Namen haben? Ist doch die ganze Ge-

genb, unferem Gewährsmann nach, romantifche und dichterifche Ge=
fühle erweckend, weshalb er denn auch fchon im zarten Kindesalter
außer mineralogifchen und linguiftifchen Studien dem Verfificiren
oblag, wie die Spalten einiger Winkelblätter bewiefen. Dies er=
klärt uns auch eine Stelle im Prologe des Longfellow'fchen Hia=
watha, die über die Quellen jenes Werkes Auskunft gibt und
Schoolcraft's unter dem Namen „Newadaha" gedenkt:

> „Should you ask me, whence these stories,
> Whence these legends and traditions?
> I should answer, I should tell you:
> From the forests and the prairies.
> I repeat them as I heard them.
> From the lips of Newadaha,
> The musician, the sweet singer.
>
> If still further you should ask me,
> Saying: Who was Newadaha?
> Tell us of this Newadaha,
> I should answer your inquiries
> Straightway in such words as follow:
> In the vale of Tawasentha,
> In the green and silent valley,
> Dwelt the singer Newadaha,
> By the pleasant water courses,
> — — — — — — —
> There he sang of Hiawatha."

Die in der Schoolcraft'fchen Sammlung enthaltenen Mährchen
und Allegorien brachte Longfellow in einen, wenn auch etwas
lockern Zufammenhang und lieferte fo eine recht intereffante und
überfichtliche Darftellung des Gemüthslebens und der originellen
Anfchauungen der Indianer.

In der Charakterzeichnung des Helden blieb Longfellow feinem
Originale getreu, wenn wir von dem an den Haaren herbei=
gezogenen Schluß abfehen; Hiawatha ift der Erfinder der, neben=
bei gefagt, fehr wenig bekannten Pictographie; er brachte feinem
Volke den Mais, lehrte es den Gebrauch der Kräuter, das Segnen
des Kornfeldes, das Flechten der Netze u. f. w. Wie der Menfchen=
freffer im deutfchen Kindermährchen mit Siebenmeilenftiefeln aus=
geftattet ift, fo hat er fein magifches Canon, das ihn mit Blitzes=
fchnelle an jeden gewünfchten Ort bringt; wie Herkules feine Keule,
fo hat er feine felfenfpaltenden Zauberhandfchuhe, obgleich das von

Longfellow gebrauchte indianische Wort eigentlich „Pelzhandschuhe" bedeutet. Die Sprache der Thiere verstand Hiawatha so gut wie die der Menschen; ja er konnte sich sogar in irgend ein Thier verwandeln und that es auch zuweilen, doch fielen diese Metamorphosen stets zu seinem Nachtheile aus. Er fing den großen Königsfisch, damit die alte Nokomis Oel für ihr auffallendes Haar hätte und verbrannte dem Liebhaber derselben, einem Bären, der sie während seines siebentägigen Fastens heimlich besucht hatte, durch einen Schalkstreich das Fell.

Wie zur Belohnung der Qualen des herkömmlichen Fastens ein jeder Indianer mit einem philosophischen Gedanken für seine Lebensbahn gesegnet wird, so ward bei jenem Actus Hiawatha's das ganze Volk mit einem Geschenke beglückt, dem göttlichen Mondamin (Mais) nämlich, einem Segen, den er aber nicht durch allerlei phantastische Träume, sondern, wie der Erzvater Jakob, durch anstrengendes Ringen erwarb. Durch's Fasten geweiht, konnte nun Hiawatha in's öffentliche Leben eintreten und seine erste That war die Bekämpfung seines Vaters, dem Longfellow den Namen Mudschikiwis beilegt, was auf deutsch „der Erstgeborne" heißt. Daß derselbe in jenem Epos als Vater oder Beherrscher der Himmelswinde hingestellt ist — ein Prädikat, das doch eigentlich nur dem Hiawatha zukommt — ist, wie so manches Andere, der dichterischen Freiheit zuzuschreiben.

Aus dem genannten Streite sind die Berge, Thäler, Klippen, Felsen und Schluchten der Erde entstanden.

In seinen in unserm Epos nicht besonders erwähnten und nur theilweise Paupukkiwis zugeschriebenen Abenteuern figurirt Hiawatha stets als Hanswurst, mit dem aller erdenkliche Unsinn getrieben wird. Als er einst einem alten Wolfe, bei dessen Stamme er Gastfreundschaft genoß, mit einem Knochen beinahe den Schädel zertrümmert hat, wollen dessen Freunde natürlich nichts mehr von ihm wissen und gehen ruhig ihres Weges. Nur der jüngste Wolf bleibt bei ihm und versieht das Amt eines Dieners, wodurch ihn Hiawatha so lieb gewinnt, daß er in ein freundschaftliches Verhältniß zu ihm tritt. Doch nicht lange darnach ertrinkt er im See, entweder im Sommer beim Baden, oder es brach im Winter das trügerische Eis — die Mährchenerzähler stimmen hier nicht überein — kurz, die im See hausenden bösen

Manitos, die schon seit geraumer Zeit Hiawatha Alles zu Leibe thaten, ziehen ihn in die Tiefe und halten ihn in ihrer kalten Wasserwohnung fest. Longfellow hat dieses Mährchen an den Namen Tschibiabos, des intimsten Freundes von Hiawatha, geknüpft. Als Tschibiabos todt war, heißt es von ihm weiter, trat er seine Reise nach dem Lande der Seelen an,

„Ueberschritt den öben Fluß dann
Auf dem stets bewegten Baumstamm,
Kam dann in den See von Silber,
Ward im Steinboot*) dann getragen
Nach dem Eiland der Zufried'nen."

Ueber Hiawatha's Ende, resp. seine Abreise, wissen die Indianer nichts Bestimmtes. Nach einigen soll er seinen Wigwam im hohen Norden aufgeschlagen haben und jährlich den Indianersommer aus seiner Pfeife in die Luft blasen und „dereinst" wie alle ähnlichen Helden zur geeigneten Zeit wiederkommen. Nach anderen soll er den Posten als Thürhüter des Himmels versehen. Longfellow's Epilog erinnert stark „an des weißen Mannes Hand" und steht mit dem Grundcharakter des Helden, wie er doch bei der Geburt der Friedenspfeife klar und deutlich gezeichnet ward, in allzugrellem Widerspruch. Der indianische Heilige, schließlich als eifriger Befürworter der katholischen Religion, ist, um es derb aber deutlich zu bezeichnen, eine Albernheit.**)

Wie bereits angedeutet, hat Longfellow die dämonische und hanswurstische Natur Hiawathas, die doch den Indianern am Besten an ihm gefällt, Paupukkiwis übertragen. Demselben wurden alle tollen Streiche Hiawatha's in die Schuhe geschoben; er tödtet die bethörten Krähen dutzendweis, erfindet das verderbliche Holznapfspiel und verführt gar manches treuherzige Mädchen, das gegen seine glatten Worte nicht gewaffnet war. Paupukkiwis ist der Doppelgänger Hiawatha's; die Eulenspiegeliade, die der Eine von Hiawatha erzählt, erzählt der Andere von Paupukkiwis, wovon wir während eines kurzen Aufenthaltes unter den Otschipwe-Indianern am Lake Superior, dem Schauplatze des Longfellow'-

---

*) Die Sage vom „weißen Steincanoe" kann man nachlesen S. 27 — 31 in meinen „Mährchen und Sagen der Nordamerikanischen Indianer" (Jena 1871.)
**) Näheres darüber Seite 158 u. f. f. in meinen „Amerikanischen Skizzen" Halle 1876.

schen Gedichtes, oft genug Gelegenheit hatte, uns zu überzeugen. Die Etymologie des Wortes Paupukkiwis ist schwer festzustellen; die Schoolcraft'sche Hinweisung auf das Wort papakine (Heuschrecke) verdient keine eingehende Besprechung.

Longfellow hat seinen Sang von Hiawatha eine indianische Edda genannt; wir sind der Ansicht Freiligraths, daß die Bezeichnung „Kalewala" dafür viel geeigneter wäre; denn nicht allein die ganze Diction, sondern auch sehr viele Details und Parallelstimmen erinnern fast auf jeder Seite an das Nationalepos der Finnen. Auch dort sind Ideen,

"Die vom Weg ich aufgelesen,
Vom Gesträuche abgerissen.
Lieber gab mir selbst die Kälte,
Lieber brachten mir die Winde,
Worte fügten mir die Vögel,
Von der Heide abgebrochen,
Von den Zweigen abgenommen;
Sang gab mir der Regenschauer,
Brachten mir des Meeres Wogen;
Sprache schuf des Baumes Gipfel."

Des Nordlands Wirthin, die allerlei Krankheiten nach Kalewala schickt, vertritt die Stelle des fiebersendenden Manito's, und Ilmarin, der bei seiner Brautwerbung Schmäh- und Schimpfworte erntet und dafür die Ersehnte in eine Möve verwandelt, erinnert an die vom indianischen Münchhausen Eiagu auf Hiawatha's Hochzeit vorgetragene Erzählung von Osseo, dem Sohne des Abendsterns. Das Kleinod der nordischen Wirthin, der Sampo, stellt den Stampumgürtel Mitscha Makwa's, des Riesenbären, vor und Wäinämöinen mit dem strohhalmleichten uud erbsenstengelgleichen Pferde ist der finnische Tschibiabos. Er ist der Sohn der Luftjungfrau, die sich hernieder auf's Wasser gewagt, woselbst sie der Wind verführt hatte. Wäinämöinen hatte solche Kraft in seiner Stimme, daß, wenn er sang:

"Seen schwankten, Länder bebten,
Starre Steine selbst erschraken,
Klippen an dem Strand zerschellten,
Kupferberge selbst erdröhnten,
Felsen auseinander flogen."

Um seiner göttlichen Stimme zu lauschen, stiegen sogar Sonne und Mond vom Himmel. Die Zauberkraft seines Ge-

sanges ermöglichte es ihm, den schön geschmiedeten Schlitten seines
Gegners Joukahainen in den See zu versenken und sein Roß in
einen Steinblock zu verwandeln. Ihm selbst sang er die Mütze
vom Kopf, die Handschuhe von den Händen und ließ ihn bis an
den Gürtel im Sumpfe stecken. Auf des Sampofchmiedes Hoch=
zeit gewährt er, wie Tschibiabos auf der Hiawatha's, den Gästen
durch seine lieblichen Lieder angenehme Unterhaltung. Andere
Episoden aus dem Leben Wäinämöinen's erinnern hingegen an
Hiawatha; bei der Aussaat des Getreides haben die Vögel ein
wichtiges Wort mitzureden; Wäinämöinen steigt in den Bauch
des alten Riesen Wipunen und fährt schließlich mit seinem Boote
an den Rand des Horizontes, woselbst er noch verweilen soll.

Nicht allein hinsichtlich des Stoffes macht Longfellow von
der poetischen Freiheit im vollsten Maaße Gebrauch, sondern auch
hinsichtlich der Anwendung und Accentuirung der von ihm ge=
brauchten indianischen Wörter. Die Scansion hat sich nach den
Trochäen richten müssen. Das Adverb pamina (bei Longfellow
ponemah) erscheint als Substantiv; aus kakagi, Rabe, macht
er Rabenfürst, Anführer der Drosseln und Krähen; nibawin,
Schlaf, kommt bei ihm nur als Gott des Schlafes vor, der doch
in den Mährchen unter dem Namen wing bekannt ist. Einen viel
gröberen Schnitzer aber macht er in dem Satze: „One ininewag
was standing;" ininewag ist nämlich der indianische Plural;
inini bedeutet Mann und das Suffix wug oder wag zeigt die
Mehrzahl an. Für die durchgängig falsche Orthographie jener
der Otschipwe=Sprache entnommenen Wörter ist jedoch sein Ge=
währsmann Schoolcraft verantwortlich zu machen. Man kann
nun hinsichtlich der Aussprache jenes Idioms keinen bestimmten
Kanon aufstellen; denn die Indianer nehmen es in diesem Punkte
selbst nicht sehr genau und bei der Aussprache von t, b, g, k, b, p,
wa und o, existirt fast gar kein Unterschied; aber die falsch auf=
gefaßte Silbenzahl und Interpretation hätte denn doch vermieden
werden sollen. Bibou, Winter, macht Longfellow dreisilbig (pe-
boan); owessi (owaissa) soll Blauvogel (blue bird) heißen,
was doch im Otschipwe'schen durch oshawane ausgedrückt wird;
ow heißt „da ist" und essi bedeutet ein Thierchen. Für Schwalbe
steht nur der Anfang des betreffenden Wortes, schascha; voll=

ständig heißt es schaschawandissi.*) Die Namen winona, unktahe und minnehaha sind der Dacota-Sprache entnommen. „Hiawatha" ist irokesisch.

In's Deutsche ward der „Hiawatha" übertragen von A. Böttger (1856), F. Freiligrath (1857), H. Simon (Reclam's Universalbibliothek) und Karl Knortz **) (1872). In's Lateinische übersetzte ihn der Engländer Newman (1862), in's Französische M. H. Gomont (1860), in's Schwedische Westberg (1856), in's Holländische Meyboom (1862), in's Dänische G. Bern (1860) und in's Italienische Bartolini (1869).

Parodirt wurde jenes Gedicht in „The Song of Drop o' Wather" (London, 1856), „Hiawatha; or Ardent Spirits and Laughing Water. A Musical Extravaganza" (New-York, ohne Jahreszahl), „Plu-ri-bus-tah" by Doesticks †) (Philadelphia, 1856), und „The Song of Higher-Water" by James W. Ward (New-York und Cincinnati, 1868).

Die Nachahmungen, wie „Island of the Giant Fairies" von James Challen (Philadelphia, 1868) und „Teuscha Grondie" von Levi Bischop (Detroit, 1876), sind wie das Schriftchen „Hiawatha, or the story of the Iroquois sage in Prose and verse" (New-York, 1873) gänzlich werthlos.

---

*) In meiner Uebersetzung des „Hiawatha" (Jena, 1872) habe ich alle indianischen Wörter genau nach der deutschen Aussprache geschrieben und die Longfellow'schen Schnitzer beseitigt.

**) Meine Uebersetzung ist leider durch Druckfehler, die eben so zahlreich wie unverzeihlich sind, arg entstellt worden; doch wenn man im fernen Westen Amerika's wohnt, so ist es nicht gut möglich, die Correctur eines in Deutschland erscheinenden Werkes selber zu lesen. Hoffentlich ist es mir vergönnt, dem Publikum bald eine revidirte Ausgabe vorlegen zu können.

†) Hieß eigentlich Mortimer H. Thompson.

Wirthshausgeschichten.
(„Tales of a Wayside Inn").

Als Boccaccio die theilweise den alten französischen Fabliaux nachgebildeten hundert Erzählungen seines „Decameron" geschrieben hatte, fügte er sie dadurch an einander, daß er sie von sieben Damen und drei Herren, die sich während der in Florenz wüthenden Pest auf ein Landgut begeben hatten, der Reihe nach vortragen ließ. Einen ähnlichen Plan verfolgte der altenglische Dichter Chaucer in seinen Canterbury-Geschichten, mit welchen er denselben Einfluß auf die englische Poesie wie sein zeitgenössisches Vorbild auf die italienische Prosa ausübte. Unstreitig bekundete sich jedoch Chaucer dadurch als größerer Dichter, daß er auf seinem Pilgerzuge die hauptsächlichsten Stände Vertretung finden ließ, wodurch natürlich auch eine größere Mannigfaltigkeit in die Erzählungen gebracht wurde; der derbste Volkshumor, sowie die Heiligengeschichten konnten ungezwungen zum Ausdrucke gebracht werden, wogegen bei Boccaccio's Novellen die Individualität der Erzähler wenig oder gar nicht in Betracht kommt.

Die in Longfellow's „Wirthshausgeschichten"*) (Boston 1863) auftretenden Erzähler repräsentiren zwar auch verschiedene Berufsarten und Nationalitäten, aber sie haben alle den gemeinschaftlichen Zug, daß sie stark schöngeistig angehaucht sind, wodurch es natürlich dem Dichter leicht wurde, für seine aus allerlei Schmökern zusammen getragenen, lediglich seinem individuellen Geschmacke entsprechenden Erzählungen, ein Instrument zu finden.

An einem Herbstabende haben sich in dem von Wind und Wetter stark mitgenommenen Wirthshause „Zum rothen Rosse" in dem vom Lärme der Eisenbahnen wie der Industrie entfernten Dorfe Sudbury allerlei Gäste zusammen gefunden, die, um die Zeit angenehm zu verbringen, einander Geschichten erzählen. Wir

---
*) Uebersetzt von Isabella Schuchardt. Hamburg, Hermann Grüning, 1879.

finden dort zunächst den Gastwirth, der zugleich Friedensrichter ist und der sich nicht wenig darauf einbildet, daß sich seine Vorfahren meist im amerikanischen Unabhängigkeitskriege hervorgethan haben. Zweitens sehen wir einen Studenten, der viele Sprachen versteht und zahlreiche Länder gesehen hat, ohne seine Heimath gering zu schätzen; er ist ein begeisterter Freund der Romantik und findet seine höchste Freude, wenn er sich so recht in die Sagen von Merlin, König Arthur, Lancelot, Gawain und Flor und Blancheflor vertiefen kann. Der dritte Gast ist ein am Fuße des Aetna geborener junger Sicilianer, der aus politischen Gründen sein Vaterland verlassen hat. Dann kommt ein nach allerlei Gewürzen riechender spanischer Jude, der wie ein alter Patriarch oder Hohepriester aussieht und der in den Parabeln von Sandabar, in den Fabeln von Pilpay und im Talmud sehr belesen ist. Fünftens ist ein Theologe da, der sich für eine christliche Universalkirche begeistert, und sechstens ein Dichter, der seine Collegen wegen ihres Ruhmes nicht beneidet. Der siebente ist ein norwegischer Musikant, wohlvertraut mit den Liedern und Sagen seines Vaterlandes, der den wildromantischen Charakter seiner Heimath auf einer Cremoneser Geige trefflich darzustellen versteht.

Die Erzählung des Wirthes behandelt natürlich eine Episode aus dem amerikanischen Freiheitskriege, nämlich Paul Revere's Aufruf an die Bürger von Middlesser, welcher die Niederlage der andringenden Engländer zur Folge hatte. Der Student theilt darauf die Falkengeschichte des Sir Federigo mit, eine der weniger anstößigen Novellen Boccaccio's, wozu der Theologe bedenklich den Kopf schüttelt und die Erzählungen jenes Italieners unbedeutend, langweilig und unmoralisch nennt. Er vergleicht sie mit einem von Unkraut überwucherten Sumpfe, aus dem hier und da eine Lilie hervorschaue. Der Student aber nimmt seinen Gewährsmann kräftig in Schutz und sagt, aus diesem Pfuhle habe sich der unsterbliche Shakespeare das Material zu seinen besten Dramen geholt.

Der spanische Jude nimmt seinen Stoff aus dem Talmud und erzählt, wie Rabbi ben Levi das Paradies betrat, dort dem Todesengel das Schwert abschwatzte und es ihm nur gegen das Versprechen, hinfort ungesehen über die Erde zu wandeln, wieder zurück gab.

Wirthshausgeschichten („Tales of a Wayside Inn").

Die katholische Legende des jungen Sicilianers hat den Zweck, die Worte „Deposuit potentes de sede et exaltavit humiles" zu illustriren. Den Haupttheil der Zeit beansprucht der blauäugige Norweger mit seinen, der Heimskringla entnommenen und lose aneinander gereihten Liedern, die sich auf die Kämpfe beziehen, welche der Einführung des Christenthums in seiner nordischen Heimath vorangingen. Thor, der von den Eisbergen aus die Welt regierte, hatte mit seinem verderbenbringenden Mjölner der neuen Religion den Untergang geschworen und König Olaf hatte die Herausforderung angenommen. In dem darauf folgenden blutigen Kriege wurden die heidnischen Götter verbannt und die Religion der Liebe, gestützt auf das Schwert, trug den Sieg davon. Dazu bemerkt der Theologe, daß in Religionsangelegenheiten die rohe Gewalt doch nicht mehr regiere, sei ja doch auch der heilige Geist nicht als Geier, sondern als Taube vom Himmel herabgefahren. Seine Erzählung bietet uns darauf einen Abschnitt aus der Schreckensherrschaft der katholischen Kirche zur Zeit Ferdinand's und Isabella's; nämlich die Geschichte eines am religiösen Wahnsinn leidenden Ritters, der seine beiden Töchter der Ketzerei anklagen und durch Torquemada dem Feuertode weihen ließ. Darauf schließt der Dichter die Unterhaltung mit der Erzählung „The birds of Kellingsworth", der eine Spatzengeschichte aus der Zeit Friedrich II. zu Grunde liegt. *)

Der Frühling hat große Vogelschaaren nach Kellingsworth gebracht, was die dortigen Spießbürger, die wegen ihrer Ernte besorgt sind, und befürchten, sie würden im Herbste wohl einige Scheffel Korn weniger auf den Speicher legen können, derart aufregt, daß sie in öffentlicher Versammlung den Tod der ungebetenen Gäste beschließen. Nur der Schulmeister nimmt sich ihrer in einer begeisterten Rede an und stellt sie als die besten Freunde der Farmer hin; wenn man gegen sie mit Gewalt auftrete, so verletze man auch das christliche Gebot, welches uns Sanftmuth gegen die Schwachen anbefiehlt. Doch seine Ansprache verfehlt gänzlich ihren Zweck und die armen Vögel werden von Alt und Jung unbarmherzig erschossen und erschlagen. Aber die Strafe

---

*) Eine sehr gelungene Uebertragung dieses reizenden Gedichtes von E. Dorsch befindet sich im ersten Bande der Butz'schen Monatshefte (Chicago 1864).

bleibt auch nicht aus; Millionen von Raupen und Käfern fressen Felder und Bäume kahl, so daß an eine Ernte nicht zu denken ist und man sich genöthigt sieht, auf Gemeindekosten wieder Vögel anzuschaffen. So wird der Schulmeister gerechtfertigt und die kurz angedeutete Liebesaffaire zeigt, daß er auch noch anderweitig Erfolg hatte.

Der zweite Tag der Wirthshausgeschichten wurde im Jahre 1872 in dem Buche „Three Books of Song" veröffentlicht. Da ein allgemeines Unwetter die Gäste an der Abreise verhindert, so bleibt ihnen natürlich nichts Anderes übrig, als wieder einander zu erzählen. Der Sicilianer macht mit der „Glocke von Atri" (in Deutschland durch Langbein's Gedicht „Das blinde Roß" allgemein bekannt) den Anfang; ihm folgt der Talmud-Jude mit einer wehmüthigen Geschichte und dann theilt der Student ein amüsantes Gedicht über einen Schuhmacher aus Hagenau im Elsaß mit. Jener Meistersänger, der den Hans Sachs, Reinecke Fuchs, Eulenspiegel und das Narrenschiff beständig auf seinem Arbeitstisch liegen hat, sitzt eines Tages vor seiner Thüre und flickt die Schuhe des Bürgermeisters, als der Ablaßkrämer Tetzel mit großem Schaugepränge vorüberzieht und den Anbruch der Gnade verkündet. Da er die Ansichten seiner Frau wohl kennt, so warnt er sie, sich ja nicht betrügen zu lassen, weil sich die Vergebung der Sünden nicht mit Geld erkaufen lasse. Tetzel stellt jedoch am Abende in seiner Predigt eine entgegengesetzte Ansicht auf und macht mit seinen „Beweisen" einen derartigen Eindruck auf die für ihr Seelenheil besorgte Schusterfrau, daß sie heimlich für einen Gulden einen Ablaßbrief ersteht und denselben in ihrem Busentuche verbirgt. Im darauf folgenden Winter stirbt sie. Als nun eine Woche vergangen, ohne daß eine Seelenmesse für die Verstorbene bestellt worden, geht der Priester zum Bürgermeister und verklagt den Schuster wegen Ketzerei und Verachtung der Kirche. Dieser wird nun vorgeladen und sagt zu seiner Entschuldigung, daß die Verstorbene im Besitze eines Ablaßzettels gewesen, der jede Messe nach dem Tode überflüssig mache. Der Bürgermeister liest ihn, und da derselbe der Inhaberin vollkommene Vergebung aller Sünden und den directen Zugang zum Himmel zusichert, auch Tetzel's eigenhändige Unterschrift trägt, so entläßt er den Angeklagten.

Wirthshausgeschichten („Tales of a Wayside Inn").

Darauf leitet der Musikant durch den Vortrag einer wild=
romantischen Composition seine Seegeschichte, die „Ballade von
Carmilhan" ein. Dieselbe enthält die Sage vom Klabatermann,
dessen Anblick den Schiffern Verderben bringt. Der Poet giebt
darauf eine anmuthige Geschichte aus Neuengland zum Besten,
und der Theolog versucht ebenfalls mit seiner Mittheilung Beifall
zu ernten. Mit einer zweiten Erzählung des Studenten wird der
Tag beschlossen.

Der dritte Tag der Wirthshausgeschichten bildet den Haupt=
theil des im Jahre 1873 erschienenen Werkes „Aftermath". Der
spanische Jude macht wieder eine Anleihe beim Talmud und der
Poet behandelt Karl den Großen, ohne jedoch damit großen Effect
zu erzielen. Bei Weitem unterhaltender ist die Erzählung „Emma
und Eginhard," welche der Student einem in lateinischer Prosa
abgefaßten Buche des mittelalterlichen Mönches Lauresheim ent-
nimmt. Eginhard war wegen seines offenen Kopfes und angenehmen Aeußeren Schreiber bei Karl dem Großen geworden und
dessen Tochter hatte sich dermaßen in ihn verliebt, daß sie ihm
einmal erlaubte, einen Theil der Nacht in ihrem Zimmer zuzu-
bringen. Aber o weh! Als er aus demselben nach seiner Be-
hausung zurück gehen wollte, lag der Hof mit Schnee bedeckt.
Was nun thun, um die Fußspuren zu verbergen, die aus der
Kemenate der Prinzessin führten? Das Fräulein wußte aber
gleich Rath; sie nahm ihren Geliebten auf den Rücken, trug ihn
in Sicherheit und ging dann wieder in ihr Schlafzimmer zurück.
Aber ihr Vater, den wichtige Staatsangelegenheiten in jener Nacht
nicht einschlafen ließen, hatte den ganzen Vorfall bemerkt und bat
am nächsten Tage seine Räthe um ihr Urtheil. Der eine wollte
Verbannung und der andere den Tod des Schuldigen, was aber
Beides nicht mit den Ansichten des Kaisers übereinstimmte. Er
erinnerte sich, daß ihm einst sein gelehrter Mönch Alcuin gesagt
habe, die Menschen seien nur Gäste des Grabes und vorübergehende Wanderer, und er bringt dann in Hinsicht auf die allgemeine Vergänglichkeit alles Irdischen die fatale Liebesgeschichte mit
einem öffentlichen Verlöbniß der jungen Leute zum Abschluß.

Die in ziemlich holprigen Hexametern gehaltene Erzählung
des Theologen ist etwas stark pietistisch gefärbt, aber trotzdem
recht genießbar. Des Sicilianer's komische Geschichte handelt von

zwei Bettelmönchen, die sich mit gefüllten Säcken auf dem Heimwege befinden, als sie einen herrenlosen Esel, an einen Baum gebunden, antreffen. Derselbe wird nun befreit und mit dem Gepäcke beider beladen, während der eine Mönch nun mit dem Langohr dem Kloster zutrabt, hängt sich der andere das Eselsgeschirr um, und stellt sich geduldig neben den Baum, als ob er der Esel wäre. Bald darauf kommt der Eigenthümer des Langohrs, ein beschränkter Bauersmann, mit Reisig beladen aus dem Walde zurück, und als er den Mönch erblickt, erschrickt er fast zu Tode, denn er hält ihn für den leibhaftigen Teufel. Doch der Mönch beruhigt ihn und erzählt, er sei wegen seines früheren starken Essens von Gott verurtheilt worden, in Eselsgestalt umher zu gehen, damit er Gras fressen lerne, und zuweilen eine Tracht gründlicher Prügel bekomme. Jetzt aber sei der Zauberbann gelöst und er dürfe wieder als ehrlicher Mönch leben. Nach dieser rührenden Geschichte bittet ihn der Landmann wegen des vielen ihm zugefügten Unrechtes um Entschuldigung und ladet ihn zu einer Versöhnungsmahlzeit in sein Haus ein. Seine Frau schlachtet gleich ihre beiden letzten und besten Hühner, es wird Wein aufgetragen und der Mönch entwickelt einen fabelhaften Appetit. Dabei wirft er auch noch der Hausfrau verdächtige, vielsagende Blicke zu, so daß ihm sein Gastgeber den wohlgemeinten Rath giebt, er möge doch am nächsten Morgen so schnell wie möglich nach seinem Kloster zurück gehen, wenn er nicht in seinen alten Fehler verfallen und zum zweiten Mal ein Esel werden wolle.

Er folgt auch diesem Winke Als er im Kloster ankommt, findet er den Originalesel daselbst angebunden und sagt, der Eigenthümer desselben habe ihn dem Kloster vermacht. Da aber der Prior wünscht, die Mönche sollten ihre Bettelsäcke selber tragen, weil sie sonst zu faul würden, so wird der Langohr auf dem nächsten Markte zum Verkauf ausgeboten. Nun will es der Zufall, daß ihn daselbst sein früherer Herr erblickt. Mit Bedauern macht er die Bemerkung, daß sein guter Rath leider in den Wind gesprochen sei; doch kauft er ihn und treibt ihn nach Hause. Bald zeigt sich's, daß er alle seine alten Fehler noch besitzt und erhält nun bei jedem Vergehen die doppelte Anzahl Prügel. Auch muß er noch einmal so schwer arbeiten.

Von einem Wehrwolf, bemerkt darauf der spanische Jude, habe er schon häufig gehört; ein Wehresel aber sei sicherlich etwas Neues.

Der Norweger theilt darauf die bekannte Ballade „Die Mutter im Grabe" mit. (Siehe Seite 237, Talvj, Charakteristik der Volkslieder).

Nachdem der Wirth dann eine Geschichte aus der alten Zeit Boston's erzählt hat, nehmen die Gäste Abschied von einander und bringen dadurch die „Tales of a Wayside Inn" zum Abschluß.

Neuengland-Tragödien.

Zwei Eigenschaften haben von jeher die geschichtliche Entwickelung des Christenthums charakterisirt: eine hartnäckige Verfolgungssucht und ein widerwärtiges Unfehlbarkeitsgefühl. Selbstverständlich haben die Vertreter der betreffenden Religion für eine jede Schandthat einen Bibelspruch als Entschuldigung anzuführen gewußt, wie sich ja bekanntlich die heterogensten Secten stets auf eine und dieselbe Bibel berufen; aber die im Namen Christi begangenen Verbrechen sind dadurch noch lange nicht zu Thaten der Gerechtigkeit geworden. Die katholische Kirche mag noch so sehr auf den Ausspruch Jesu: „Ich bin nicht gekommen, den Frieden zu bringen, sondern das Schwert" pochen, sie kann den Hauptgrundzug der christlichen Lehre, Liebe gegen Alle, sogar gegen Feinde, nicht verleugnen, noch sich selber von zahllosen Vergehungen gegen jenes Gebot freisprechen. Dasselbe gilt auch da von der protestantischen Kirche, wo sie sich ihrer Macht bewußt war. Ein kürzlich verstorbener freisinniger Theologe, Heinrich Lang, sagt zur Entschuldigung jenes Auftretens, dafür sei nicht die Religion, sondern die Kirche verantwortlich zu machen. Nun, die Religion an und für sich kann allerdings keine „Ketzer" verbrennen, keine Städte zerstören und ganze Länder verwüsten, denn sie ist eine abstracte Idee; sobald sie jedoch derart ist, daß sie fanatischen und herrschsüchtigen Menschen zum Vorwande dienen kann, ihre inhumanen Absichten zu befördern, daß sie also eine concrete Gestalt annimmt, trifft sie dasselbe ungünstige Urtheil, das über die vorgeblichen Vertreter gefällt wird.

Mit dieser notorischen Verfolgungswuth ist nun stets der Muth in Ertragung der Unbilden zur größeren Ehre Gottes Hand in Hand gegangen. Dieser aber hat seinen Grund ebenfalls in dem Bewußtsein des unfehlbaren Rechtes, also in demselben Gefühl, das auch die Feinde beseelte. Daß beides, erstaunliche Aufopferung auf der einen, und die grausamste Verfolgungssucht auf der andern Seite, auf den gemeinsamen Grund des Unfehlbarkeitsdünkels zurückzuführen sind, zeigt uns die Sectengeschichte so recht deutlich. Sobald eine verfolgte Partei so weit gestärkt war, daß sie einen Kampf mit den Gegnern nicht mehr zu scheuen hatte, ging sie auch gleich von der geduldigen Defensive zur blutigen Offensive über, und das an ihr begangene Unrecht wurde mit Zins und Zinseszinsen zurückbezahlt.

Ein schlagendes Beispiel hierzu liefert das Auftreten der Puritaner in Amerika, dem Longfellow die erste Abtheilung seiner 1868 erschienenen „New-England Tragedies" gewidmet hat.

Im Anfang des 17ten Jahrhunderts waren die Puritaner in ihrem Stammland bekanntlich allen erdenklichen Plackereien ausgesetzt, weshalb sie den Entschluß faßten, sich ein Asyl in der neuen Welt zu suchen. Da ihnen die Plymouth-Gesellschaft ein Stück Land an der Massachusetts-Bay zugesagt hatte, so wurde im Jahre 1628 John Edicott mit hundert Anhängern dahin abgesandt, um es in Augenschein zu nehmen. Dieselben erforschten dasselbe und ließen sich schließlich an einem Platze nieder, dessen indianischer Name Naumkeag war, was sie in Salem umänderten. Kaum hatten sie nur einigermaßen festen Fuß gefaßt, so kamen auch schon so viele Glaubensgenossen über den Ocean, daß sie eine eigene Provinzialregierung gründen und die Städte Dorchester, Roxbury, Cambridge und Watertown anlegen konnten. Der größte Theil der Einwanderer ließ sich auf der sich in die Bay erstreckenden Halbinsel nieder, die sie Boston nannten. Das, was sie suchten, ein Land nämlich, in dem sie ihren Gott ungehindert auf eigene Weise verehren konnten, hatten sie nun gefunden;

aber sie waren weit davon entfernt, die von ihnen in England so sehr begehrte Toleranz in ihrem neuen Vaterlande Andersdenkenden angedeihen zu lassen. Schon im Jahre 1631 erließ ihr Obergericht einen Beschluß, nach dem nur Der stimmberechtigt war, welcher der herrschenden Kirche angehörte. Auch wurde von Jedem ohne Ausnahme gesetzlich verlangt, er solle dem Gottesdienste der Puritaner regelmäßig beiwohnen. Als nun Roger Williams von Salem predigte: ein jeder Mensch habe das Recht, nach seiner eigenen Façon selig zu werden, gerieth er in solche Verlegenheiten, daß er vorzog, sein Heil in der Flucht zu suchen. Er gründete späterhin bekanntlich die Stadt Providence auf Rhode Island. Die in seine Fußtapfen tretende Ann Hutchinson mußte ebenfalls die Flucht ergreifen. Sie ward später von den Indianern auf Rhode Island ermordet.

Auch duldeten die Puritaner weder Jesuiten noch katholische Geistliche in ihrer Gemeinschaft; den Haß gegen die Katholiken hatten sie übrigens mit den sogenannten Quäkern, den Anhängern von George Fox, gemein.

Die ersten Quäker kamen 1656 in Boston an; es waren dies zwei Frauen, die den heimathlichen Verfolgungen entgehen wollten, dabei aber von dem Regen in die Traufe geriethen; denn es wurde gleich nach ihrer Ankunft ein Gesetz erlassen, welches schwere Strafe auf das Landen von Quäkern in Massachusets legte. Auch sollte jedem männlichen Mitgliede der „verfluchten Secte", das sich in jener Kolonie sehen ließ, ein Ohr abgeschnitten werden; ließ er sich zum zweiten Male blicken, so büßte er auch das andere Ohr ein und beim dritten Male sollte ihm die Zunge mit einem glühenden Eisen durchbohrt werden.

Quäkerinnen wurden mit Peitschenhieben gezüchtigt.

Es ist dies ein Kapitel, an welches sich die Neu-Engländer nicht gern erinnern lassen, und da Longfellow dies wußte, so suchte er im Prolog zu „John Endicott", wie nämlich die erste Abtheilung der betreffenden Tragödien heißt, auch die Frage, welchen Zweck jener Blick in eine an Irrthümern reiche Vergangenheit gewähre, zu beantworten. Seine Antwort ist natürlich eine einfache; er plaidirt für die Freiheit des Gewissens und der Rede und sagt, von allen christlichen Geboten sei das der Liebe das erhabenste.

An einem Sonntag Nachmittage des Jahres 1665 sehen wir uns im Bostoner Meeting-Haus in Gesellschaft des Gouverneurs John Eudicott und des Geistlichen John Norton. Indem letzterer das Stundenglas auf der Kanzel umkehrt, macht er die Bemerkung, daß die jetzt geschehenden außerordentlichen Zeichen und Wunder auf schreckliche Dinge der Zukunft schließen lassen. Darauf tritt Edith, die Tochter eines Quäkers, barfuß und mit langem über die Schulter hängenden Haar mit Wharton und andern Glaubensgenossen ein. Mit dem Worte „Friede" begrüßt sie die Anwesenden. Pastor Norton verbietet ihr darauf das Reden, da nach Paulus kein Weib in der Kirche sprechen dürfe; Edith aber ist auch in der Bibel bewandert und erwidert, daß die Frauen zu Pauli Zeiten in Corinth gebetet und geweissaget hätten; auch seien unter denen, welche auf Pfingsten mit feurigen Zungen redeten, einige Weiber gewesen. Norton beruft sich nun auf die Gesetze seiner Kirche; doch Edith bemerkt, daß die Gesetze Gottes höher ständen als alle anderen. Sie, die Puritaner, fährt sie fort, hätten ihre Kirche mit Blut, und ihre Stadt mit Verbrechen erbaut; ihre Gesetze verurtheilten Unschuldige zum Tode, und ihre Prediger lehrten nur für Geld, während doch Christus und seine Apostel das Evangelium ohne Bezahlung verkündet hätten. Auf solche herausfordernde Sprache hin geräth natürlich die Gemeinde in großen Aufruhr und die Quäker werden zur Kirche hinausgetrieben.

Norton befleißigt sich nun, den Gouverneur zu bereden, die Ketzerei mit Gewalt zu unterdrücken; die vielen Feuersbrünste und der Tod so vieler jungen Männer seien ja handgreifliche Beweise dafür, daß sich Gott von Neu-England wegen dessen unchristlicher Toleranz zurück gezogen habe. Auch sei in der Bibel klar und deutlich zu lesen, daß man sein Weib und seine Kinder tödten solle, wenn sie Einen zu fremden Göttern verleiten wollten. Eubicott erwidert darauf, daß schon vier Quäker mit dem Tode bestraft und vier andere verbannt worden seien; zu weiterem Blutvergießen habe er keine Lust. Außerdem murre auch das Volk darüber. Die zurückkehrenden Verbannten würden übrigens scharf im Gefängniß bewacht; die Wächter hätten ihre Schwerter gegen sie gerichtet; wenn sich die Quäker nun selber hineinstürzten, so könnten die Puritaner ihre Hände in Unschuld waschen. Diese nicht mißzuverstehende Antwort genügt dem fanatischen Geistlichen vollkommen.

In der folgenden Scene sehen wir einen alten Bürger, Namens Upsal, vor seiner Hausthüre sitzen. Auf der anderen Seite der Straße sitzt der Unterconstabler Walter Merry, der sich über die todtenähnliche Sonntagsstille doppelt freut, weil die Stadt sie nur seiner beispiellosen Wachsamkeit zu verdanken hat. Nur das Girren der Tauben auf seinem Dache vermag er nicht zu hindern; er schimpft sie deshalb Quäker und wirft wüthend einen Stein nach ihnen.

Upsal wirft er vor, daß er heute das Meeting=Haus so schnell verlassen habe, worauf jener entgegnet, daß er es vorgezogen, Gott in der Einsamkeit anzubeten. Diese Antwort bringt nun Merry in Harnisch, da sie nach seiner Ansicht eine Schändung des Sabbaths enthält. Dann war ihm auch zu Ohren gekommen, daß Upsal zuweilen Quäker beherberge; jener erwidert ihm darauf, daß schon Mancher ohne es zu wissen, Engel beherbergt habe.

„Ja", braust Merry auf, „Engel, die heute als Teufel in unser Versammlungshaus kamen."

Warthon und Edith befinden sich wirklich in Upsal's Haus und werden auch bald nach jenem Zwiegespräche durch John Endicott (den Sohn des Gouverneurs) und den Marschall verhaftet. Der dem ersteren von Edith zugeworfene sanft tadelnde Blick und die Worte „Saul von Tarsus, warum verfolgst du mich?" verfehlen ihre Wirkung nicht, wie wir später sehen werden.

In der nächsten Scene erzählt der lustige Seecapitän Kempthorn seinem Wirthe, daß die Quäkermädchen seinem Schiffe großes Glück gebracht hätten; der Wirth aber will von solchen Gästen nichts wissen, da sich die Aufnahme derselben nicht gut mit den Pflichten eines gewissenhaften Bürgers vertrage. Daß er mit dieser Bemerkung nicht Unrecht hat, zeigt uns darauf die Verlesung einer Proklamation durch den Marschall. Nach derselben solle jeder Kapitän, welcher die unter dem Namen Quäker bekannten Ketzer nach der Kolonie überführe, in eine Geldbuße von hundert Pfund Sterling verfallen, und er müsse so lange im Gefängniß liegen, bis die Strafe bezahlt sei. Jeder Wirth, der ihnen eine Unterkunft in seinem Hause erlaube, müsse für jede Stunde vierzig Schillinge Strafe entrichten. Jeder männliche Quäker solle das rechte Ohr verlieren und so lange in's Arbeitshaus eingesperrt werden, bis er auf eigene Kosten weggeschickt werden könne.

Komme er zum zweiten Male wieder, so würde ihm das andere Ohr abgeschnitten und ein Zeichen in die Hand gebrannt werden. Beim dritten Male würde seine Zunge mit einem glühenden Eisen durchbohrt, und wenn er sich dann noch nicht von der Kolonie fern halte, so habe er sein Leben verwirkt. Quäkerinnen sollten in drei Städten je breizehn Peitschenhiebe auf öffentlichem Platze erhalten und Jeder, der überhaupt die Lehren jener Secte für richtig halte, solle auf einen Monat in's Gefängniß wandern.

Der anwesende Upsall kann nicht umhin, seiner Entrüstung passende Worte zu verleihen und auch der Sohn des Gouverneurs erklärt solche Gesetze für eine Schmach jedes christlichen Landes.

Darauf wird Kempthorn in Haft genommen. Doch der spürnasige Merry hat auch bei der Verlesung jener Proclamation gemerkt, daß der junge Endicott mit dem Inhalte derselben nicht einverstanden sei, was er augenblicklich pflichtschuldigst dessen Vater hinterbringt. Die Unterhaltung, welche nun zwischen dem liberal gesinnten Sohne und dem beschränkten und für Vernunftgründe unzugänglichen Vater stattfindet, schließt damit, daß letzterer Alle glücklich preist, die keine Kinder besitzen.

Nun folgt eine Gerichtsscene. Kapitän Kempthorn sagt aus, daß sich an Bord seines Schiffes stille, harmlose Leute befunden hätten, die stets das „Du" und „Dich" gebrauchten.

„Still und harmlos wie das Fieber!" fällt der Gouverneur ein. Dann wird der Kapitän verurtheilt, die Quäker wieder in ihre Heimath zu bringen und die Kosten ihrer Gefangenschaft zu tragen. Außerdem solle er wegen seines unverschämten Lachens eine Stunde auf dem Pier am Schandpfahl stehen.

Dem nun vorgeführten Quäker Wharton wird angedeutet, seinen Hut abzunehmen.

„Wenn mein Hut Jemanden beleidigt, der mag ihn abnehmen, denn ich werde keinen Widerstand leisten!" gibt er zur Antwort. Dies geschieht, und für die begangene Geringschätzung des Gerichtshofes werden ihm zehn Schillinge Strafe zudictirt. Auch zum Schwören will er sich nicht bequemen, weil ihm die Bibel dies verbietet. Auf die Anklage der Störung des Gottesdienstes erwidert er, er habe sich in der Kirche ganz ruhig verhalten, sei aber von den Leuten daselbst ohne Veranlassung angegriffen worden.

Sein Urtheil lautet, daß er innerhalb zehn Tagen die Kolonie zu verlassen habe.

Die Religions-Schwärmerin Edith benimmt sich im Verhör wie eine Prophetin und zeigt sich in ihrer Vertheidigung mit der Anwendung von Bibelstellen sehr schlagfertig. Sie wird schließlich ebenfalls verbannt, doch soll sie vorher neun und dreißig Peitschenhiebe erhalten. Ihr früher ausgewiesener Vater läßt sich nun plötzlich im Gerichtssaal sehen und wird dafür zum Tode verurtheilt.

Wie nun Edith im Gefängniß liegt und ihrer entehrenden Strafe wartet, tritt unvermuthet der Sohn des Gouverneurs zu ihr ein und bittet sie wegen seines früheren Auftretens um Vergebung. Auch bietet er ihr an, sie aus dem Gefängnisse zu retten. Aber sie fürchtet die Strafe nicht, weiß sie doch, wer für sie sogar den Tod erlitten hat; auch will sie in der Nähe ihres Vaters bleiben, der im anstoßenden Zimmer den Tod erwartet. Endicott, der nun ebenso heimathlos ist wie ein Quäker, nennt sie nun bezeichnend Paulus von Damaskus.

Die nächste Scene zeigt uns Kapitän Kempthorn am Schandpfahle; er ist lustig und guter Dinge und vertreibt sich die Zeit mit Singen. Kaum ist seine Stunde vorüber, so geht er schnurstracks in's Wirthshaus, um sich von seiner Strafe zu erholen.

Nachher erhält Edith dreizehn Peitschenhiebe und der junge Endicott, der ihr auf ihr Bitten einen Trunk Wassers verabreicht hat, wird auf Befehl seines Vaters festgenommen. Kurz darnach trifft jedoch von England eine Depesche ein, die dahin lautet, daß in Zukunft in den amerikanischen Kolonien keine Quäker mehr bestraft werden dürfen, sondern daß dieselben nach England zurückgesandt werden sollten. Den Gouverneur kränkt dies bitter, weil dadurch, seiner Ansicht nach, sein Einfluß empfindlich verletzt werde; ja, er sieht sich im Geiste schon im Anfange eines Kampfes, welcher den amerikanischen Kolonisten größere Unabhängigkeit bringt. Seine Hauptsorge ist nun die, daß kein Quäker nach England geschickt werde, um Zeugniß gegen ihn abzulegen.

Schließlich wird noch angedeutet, daß die hervorragendsten Quäker-Verfolger meistens eines plötzlichen Todes starben.

Auf eine ziemlich nahe liegende Verheirathung der Edith mit dem jungen Endicott, die sicherlich einen wirksamen dramatischen Abschluß gebildet hätte, hat der Dichter verzichtet. Einen Vorzug hat diese Dichtung übrigens vor allen andern dramatischen Werken Longfellow's: die Zeichnung der Charaktere ist durchweg eine naturgetreue und ungekünstelte; der alte Endicott und der fanatische Prediger Norton sind Exemplare von Menschen, wie sie heute noch ein falsch verstandenes Christenthum überall auf der ganzen Erde in großer Anzahl hervorbringt; auch die Visionärin Edith bewegt sich stets in den Schranken des Möglichen und Wahrscheinlichen.

Wenn man sie mit der Else in der „Goldenen Legende" und der Evangeline zusammenstellt, so möchte man beinahe glauben, es sei eine schwache Seite Longfellow's, sich seine Heldinnen gerade unter den Frauen zu suchen, deren geistiger Zustand ein abnormaler ist. Doch da dies die von ihm gewählten Stoffe nothwendiger Weise mit sich bringen, so wollen wir deshalb mit ihm nicht weiter rechten.

* * *

Das zweite dramatisirte Nachtstück aus der amerikanischen Kolonialzeit führt den Titel „Giles Corey of the Salem Farms" und als Zeit der Handlung ist das Jahr 1692 angegeben.

Neu-England litt damals wieder an einer neuen religiösen Seuche, die ebenfalls ihren Ursprung in den Köpfen einiger verdrehten Geistlichen und abergläubiger Beamten hatte.

Einem gewissen Parris, der in Salem, dem jetzigen Danvers (Mass.), wohnte, waren einige Kinder krank geworden, und da er nicht im Stande war, den Ursprung der Krankheit zu entdecken, so peitschte er seine indianische Magd so lange, bis sie gestand, sie sei eine Hexe und habe die Kinder behext. Dies brachte unter den leicht erregbaren Fanatikern natürlich eine große Aufregung hervor, die dadurch, daß der excentrische und orthodoxe, und zugleich sehr einflußreiche Theologe Cotton Mather sehr lebhafte Theilnahme an dieser Angelegenheit bekundete, zur wahren Verfolgungswuth gesteigert wurde. Gleich errichtete man einen Galgen vor der Stadt und die erste Person, die als Hexe daran gehängt wurde, war eine alte, freundlose Frau, der ihre Nachbarn verschiedene ihnen zugestoßene Unglücksfälle zuschrieben. Cotton Mather erzählt allen Ernstes von jenem Weibe, daß sie einst das Meetinghaus zu Salem mit ihren teuflischen Augen angesehen habe, worauf ein Theil davon zusammengefallen sei.

In der nächsten Gerichtssitzung wurden zehn Frauen zum Tode durch den Strang verurtheilt, und da der mit der Execution beauftragte Beamte dieselbe für Mord erklärte, mußte er ebenfalls das Schicksal der Unglücklichen theilen.

Gegen eine „Hexe" durfte Jeder ohne Ausnahme als Zeuge auftreten. Wollten jene Unglücklichen trotz der Zeugenaussagen ihr Verbrechen nicht eingestehen, so wurden sie so lange gemartert, bis sie Alles zugestanden, was nur von ihnen verlangt wurde. Der Prediger Burroughs büßte sogar sein Leben ein, weil er gegen die Ansichten Cotton Mather's aufgetreten war und gesagt hatte, es gäbe überhaupt keine Hexerei. Es erlitten im Ganzen infolge dieser krampfhaften Bewegung zwanzig Personen den Tod und fünfzig wurden durch Martern zu einem Geständniß gezwungen.

Als nun die Legislatur von Massachusetts zusammentrat, und zahlreiche Petitionen zur Abschaffung der Hexenverfolgung eingereicht waren, veröffentlichte Cotton Mather, der mit Recht an den Erfolg jener Bittschriften glaubte, sein Werk „Wonders of the Invisible World", worin er die Existenz einer Hexenwelt nachzuweisen suchte.*) Ein Beschluß der Gesetzgebung machte dem Unwesen ein Ende.

Cotton Mather's Glaube an Hexen und Hexerei blieb unerschütterlich; so gefühllos, wie ihn aber Upham in seinem Werke „Salem Witchcraft" (Boston, 1867) schildert, war er doch nicht; ja, er nahm sogar besessene Kinder in sein Haus auf und suchte sie durch Beten zu curiren. Upham's Ansichten sind übrigens von F. W. Poole in der „North-American Review" gründlich widerlegt worden.

Im Prolog zu dem eingangs genannten Drama sucht Longfellow Neuengland für diese neue blutige Verirrung dadurch zu entschuldigen, daß er sie als die Folge der damaligen allgemeinen Narrheit bezeichnet — eine billige Entschuldigung für eine jede historische Schandthat.

Die Indianerin Tituba, so beginnt das genannte Drama, ist damit beschäftigt, in einem Walde bei Salem allerlei Kräuter

---

*) Einen ausführlicheren Artikel über Cotton Mather habe ich im 2. Bande der „Amerikan. Schulzeitung" veröffentlicht.

zu sammeln. Da sie nach ihrer Aussage alle verderblichen Eigenschaften derselben kennt, so fühlt sie eine gewisse Ueberlegenheit über andere Menschen. Cotton Mather hat sich nun in jenem Walde verirrt, und da er sich nicht erklären kann, wie dies zugegangen, so glaubt er, er sei in das Reich der Hexen gerathen. Als Bewohnerin desselben stellt sich darauf Tituba vor und zeigt ihm den rechten Weg. In Salem angekommen, begiebt er sich zum Richter Hathorne und setzt demselben den Zweck seines Besuches, nämlich sich von der Wahrheit des Hexenspuk's zu überzeugen, auseinander. Dabei läßt er seiner Gelehrsamkeit freien Lauf, kramt alles Erdenkliche in Bezug auf das heikle Thema aus und sagt, alle diese sonderbaren Erscheinungen seien untrügliche Vorboten von der zweiten Ankunft Jesu Christi.

In der folgenden Scene sehen wir das besessene Mädchen Mary Walcot; sie spricht Tituba gegenüber den Wunsch aus, einige Geschichten von ihr zu hören. Dieselbe zeigt ihr nun in einem Spiegel ihren Vater, einen Zauberer, der in seiner Hand eine Wachsfigur hält, die er im Feuer zerschmelzen läßt. Dann sieht Mary eine sterbende Frau und Tituba bemerkt dazu, die Zauberei ihres Vaters lasse sie dahinsiechen; auch sie, Mary nämlich, werde auf ähnliche Weise verfolgt; von wem ihre Behexung ausgehe, wisse sie nicht, doch würde sich die betreffende Person bald einstellen. Darauf treten Mary's Bruder, Cotton Mather und Hathorne ein.

Mary, die bleiche und magere, ist in Schlaf gesunken, aber in keinen ruhigen, denn öfters fährt sie plötzlich auf, und ächzt und krächzt. Daß sie behext sei, ist jenen Herren nun sonnenklar. Sie redet auch und sagt, Jemand schlage sie und quäle sie mittelst einer Wachsfigur. Da bekanntlich die Geister unsichtbar sind, so sind die Umstehenden von der Wahrheit ihrer Aussage vollständig überzeugt. Auch erblickt sie die Frau des Farmers Corey, die sie mit einer Spindel ermorden will. Mary erwacht darauf und findet eine Spindel in ihrem Schooß. Auf ihre Frage, woher diese komme, erwidert Tituba, daß sie sie ja der Corey abgenommen habe. Auch hebt die Indianerin einen grauen Tuchfetzen von der Erde auf; den hat, wie sie meint, Walcot aus dem Kleide der Corey herausgeschnitten, als er während des somnambulen Schlafes seiner Schwester das Schwert schwang. Darauf ertheilt

Cotton Mather der Kranken den Segen und räth ihr an, Trost in häufigem Beten zu suchen.

Der zweite Act spielt auf Corey's Farm. Corey freut sich, daß sein Vieh wohl gedeiht, seine Scheunen gefüllt sind und daß die Sonne so lieblich auf seine hundert Acker scheine, als habe Gott sein besonderes Wohlgefallen an ihnen. Um sich die Hexen fern zu halten, hat er ein Hufeisen über die Hausthür genagelt. Sein verschmitzter Knecht John Gloyd fragt, was dem Vieh fehle, es laufe ja wie behext umher. Corey meint, es sei vom bösen Blick betroffen worden; Martha, seine Frau, findet jedoch für das muntere Umherspringen des Viehes eine natürliche Erklärung: dasselbe freue sich einfach, weil es der Knecht aus dem Stalle gelassen habe. Darauf macht sie die Mittheilung, daß man Frau Bishop allgemein für eine Hexe halte. Corey erwidert, er kenne sie seit vierzig Jahren und habe früher manche Stunde in ihrem Wirthshaus zugebracht; sie sei immer munter und guter Dinge, mit einem Worte eine rechte Hexe gewesen, weshalb sie auch nie lange Wittwe geblieben sei und jetzt schon den dritten Mann habe.

Martha glaubt zwar nicht an Hexen; ihr Mann aber ist entgegengesetzter Ansicht und beruft sich zum Beweise derselben auf die Bibel, die doch von einer Hexe zu Endor erzähle; auch sei bekanntlich Maria Magdalena von sieben Teufeln besessen gewesen.

Als nun Corey nach der Stadt reitet, um dem Verhöre der Bishop beizuwohnen, trifft er einen Farmer an, der ihm mittheilt, es gehe das Gerede, Corey habe das Haus eines seiner Feinde angesteckt und einen Mann ermordet.

Bei seiner Rückkehr hört er die traurige Nachricht, daß sein Vieh im Fluß ertrunken sei. Gloyd stellt in Abrede, dasselbe aus dem Stalle gelassen zu haben; es sei ausgebrochen und habe sich wie rasend in den Fluß gestürzt; da es jedoch das jenseitige Ufer nicht habe erklimmen können, so sei es ertrunken. Martha warnt darauf ihren Mann recht ernstlich vor Gloyd; ihm sei durchaus nicht zu trauen und er habe sicherlich auch jene üble Nachrede verursacht.

In der folgenden Nacht sieht Martha im Traume sich und Corey im Gefängniß liegen und wegen Hexerei zum Tode verurtheilt. In dem nun zwischen Cotton Mather und Hathorne stattfindenden

Gespräche äußert ersterer, daß man wegen der Umtriebe des Teufels doch nicht immer wissen könne, ob man wirklich schuldige Personen vor sich habe; auch töbte man ja nur den sterblichen Körper, nicht aber den unreinen Geist darin, der sich darnach einfach eine andere Wohnung suche. Hathorne erwidert darauf, daß die englischen Gesetze nur das Verbrennen der Hexe verbieten und auch nach der Bibel sei es nicht gestattet, eine Hexe am Leben zu lassen.

Als nun Martha wirklich von zwei geistlichen Herren wegen ihrer angeblichen Hexerei in die Beichte genommen wird, erklärt sie einfach, daß sie an solche Dinge überhaupt nicht glaube. Die Anklage gegen sie beruht hauptsächlich auf der Aussage, daß sie der besessenen Mary erschienen sei.

Mittlerweile sind Corey und Gloyd auf der Wiese beschäftigt. Letzterer wundert sich über die merkwürdige Rüstigkeit seines Herrn und fordert ihn des Spaßes wegen zu einem Ringkampf auf. Da er in demselben besiegt wird, sagt er, nur der Teufel könnte Corey eine solche Kraft verliehen haben. Darauf kommt ein Knabe mit der Trauerbotschaft, daß Martha in's Gefängniß geworfen worden sei. Corey eilt nun gleich nach der Stadt.

Gloyd macht sich's dann bequem und setzt sich zum Essen nieder. Wenn schlechter Lohn und schwere Arbeit einen guten Herrn bekunden, so habe er, meint er, sicherlich einen der besten auf der Welt; darnach schläft er ein.

In dem peinlichen Hexenprozesse, dem wir nun beiwohnen, wird Martha durch das wahnsinnige Gebahren der närrischen Mary ganz irre gemacht. Auch macht Corey die gravirende Aussage, daß sein ertrunkenes Vieh mit dem bösen Blick behaftet gewesen sei. Dann tritt Gloyd gegen sie als Zeuge auf. Nun schreit die verrückte Mary plötzlich, daß sie den Geist des vor 15 Jahren ermordeten Goodell sehe, und darauf hin wird Corey zum Tode verurtheilt.

Als später Hathorne und Cotton Mather über den Begräbnißplatz des Unglücklichen schreiten, bedauert Letzterer die Strenge der englischen Gesetze und versichert, daß Corey bald unter die Zahl der Märtyrer aufgenommen werde.

Schon aus unserer kurzen Inhaltsangabe des betreffenden Gedichtes wird der Leser ersehen, daß es Longfellow nicht besonders gelungen ist, die psychologischen Motive, aus welchen die merkwürdigen Handlungen entspringen, klar zur Anschauung zu bringen; dem Ganzen klebt etwas Gezwungenes und Gemachtes an, das allerdings theilweise durch die Schwierigkeit, sich in die abnorme Geistesrichtung resp. Verirrung jener Zeit zu versetzen, zu entschuldigen ist. Nur der Schluß ist von hoher dramatischer Wirkung; im Uebrigen aber steht dies Werk hinter der Quäkertragödie bedeutend zurück.

* * *

Einen recht lesbaren Commentar zu den genannten Tragödien hat Rowland H. Allen in seinem Werke „The New-England Tragedies in Prose" (Boston, 1869) geliefert. Die Abfassung desselben scheint übrigens mehr den Zweck zu haben, die durch den sanften Longfellow gegen die Puritaner heraufbeschworene Stimmung abzuschwächen, als dem sich für diese historischen Thatsachen speciell interessirenden Leser die Lectüre der voluminösen Werke von Palfrey u. s. w. zu ersparen. Doch da die Quäker von jeher die Macht des Schwertes verabscheuten, so schätzten sie dafür die Wichtigkeit der Feder höher und verzeichneten gewissenhaft alle ihnen im Namen der christlichen Religion zugefügten Unbilden und Schandthaten, die wohl oder übel als geschichtlich wahr anerkannt werden müssen. Die Puritaner wollten in Neuengland eine reine Theokratie gründen und daß in derselben die Toleranz keine Stätte finden konnte, ist klar. Auch gehörte in damaliger Zeit die Duldsamkeit überhaupt noch zu den seltensten Dingen. Die Puritaner verfielen also in denselben Fehler, wie ihre Verfolger in England. Die Bücher der Quäker wurden öffentlich verbrannt und Jeder, der sich zu den Lehren derselben bekannte, galt als Verbrecher. Zugestanden muß auch werden, daß die Quäker häufig herausfordernd auftraten; sie besuchten den Gottesdienst der Puritaner und behielten den Hut auf; ja, einige machten sogar öffentliche Einwendungen gegen die Predigt, und so war es denn kein Wunder, daß ihrem Trotze durch scharfe Gesetze begegnet wurde. Ein Paragraph derselben, welcher Durchstechung der Zunge vorschreibt, ist übrigens nie in Anwendung gekommen. Auch forderten die Quäker sehr häufig dadurch die Strenge des Gesetzes gegen sich heraus, daß sie sich, trotz der Ausweisung und der im Betretungfalle angedrohten Strafe, wieder in die Ju=

risdiction von Neuengland zurückbegaben. Thatsache ist außerdem, daß in England das gemeine Volk erboster auf sie war, als in Amerika.

So auch findet Allen eine nicht zu unterschätzende Entschuldigung für die neuenglischen Hexenverfolgungen darin, daß damals die meisten Christen noch an Hexen glaubten und jedes „christliche" Land seine Hexenprozesse hatte; denn überall hielt man es für seine Pflicht, Frauen, welche um Anderen zu schaden, einen Bund mit dem Teufel abgeschlossen hatten, so schnell wie möglich unschädlich zu machen. Die jetzigen Erinnerungen an solche Verirrungen mögen allerdings höchst unangenehm sein, aber sie lassen sich einmal nicht in den Letheſtrom versenken; der Galgenberg (Gallows Hill) steht heute noch an der westlichen Grenze Salems und im Court House jener Stadt zeigt man heute noch eine Flasche voll verrosteter Nadeln, die man verhexten Kindern aus dem Körper gezogen haben will.

Wie in seiner Quäkertragödie, so hat auch Longfellow in seinem Hexentrauerspiel nur wirkliche historische Persönlichkeiten auftreten lassen. Nach den Mittheilungen Upham's scheint er jedoch den Charakter des Corey etwas zu milde und edel gezeichnet zu haben; jener Farmer hatte ein sehr bewegtes Leben hinter sich, und stand durchaus nicht im Geruche eines Heiligen. So ist es z. B. Thatsache, daß er der Ermordung des Goodell angeklagt war; doch mußte er ungenügender Beweise wegen freigesprochen werden. Auch hatte er mit seinem Knechte Gloyd einen Prozeß gehabt und denselben durch den Ausspruch eines Schiedsgerichtes verloren. Einige Tage darauf brannte plötzlich das Haus Proctor's, eines Mannes, der gegen ihn gestimmt hatte, ab, und der Verdacht der Brandstiftung fiel einstimmig auf Corey. Derselbe konnte jedoch glücklicherweise sein „alibi" nachweisen. Die Lästerzungen machten sich beständig mit ihm zu schaffen, und Corey sah sich mehrmals genöthigt, das Gericht zum Schutze gegen seine Verleumder anzurufen. Da ihm diese alsdann eine Entschädigungssumme zahlen mußten, so vergrößerte sich die Zahl seiner Feinde bedenklich. Als er der Hexerei angeklagt ward, war er achtzig Jahre alt. —

Seine Frau endete am Galgen, er hingegen soll, der Sage nach, durch schwere Steine erdrückt worden sein, da man ihm mit

aller Gewalt ein Geständniß auspreſſen wollte. Auch Longfellow
läßt dies in ſeiner Tragödie geſchehen. Einem alten, damals
gedichteten Liede entnehmen wir folgende Strophen über dieſe traurige Geſchichte:

„Giles Corey," said the magistrate,
„What hast thou here to pleade
To these who no accuse thy soule
Of crymes and horrid deed?"

Giles Corey, he sayde not a worde:
No single word spake he.
„Giles Corey," sayth the magistrate,
„We'll press it out of thee."

They got them then a heavy beam;
They layde it on his breast;
They loaded it with heavy stones;
And hard upon him and prest.

„More weight," now sayde this wreched man;
„More weight" again he cryed,
And he did no confession make;
Bud wickedlie he dyed.

Dante-Uebersetzung.

Je älter der Mensch wird, desto theurer werden ihm seine Lieblingsideen. Er betrachtet dieselben immer mehr und mehr als den besseren Theil seines Seins und concentrirt sein ganzes geistiges Schaffen oft bis zur Einseitigkeit auf sie. Alles wird mit ihnen in einen gewissen Causalnexus gebracht; die ganze Weltgeschichte wird nach ihnen construirt und die Zukunft aus ihnen klar und deutlich dargelegt.

Derjenige, der aus innerem Drange sein ganzes Leben dem Studium der Literatur gewidmet hat, wird sich, nachdem er in der Jugend an allen poetischen Früchten der Nähe und Ferne, der Vergangenheit und Gegenwart reichlich gekostet, mit zunehmendem Alter an einen ihm wahlverwandten Autor klammern, den er dann, weil er eine Ergänzung oder mustergültige Darstellung seines eigenen Dichtens und Trachtens in ihm sieht, nach allen Seiten hin so lange commentirt und interpretirt, bis er ihm gänzlich seine individuelle Lebensanschauung aufoctroyirt hat.

So ist's Longfellow ergangen. Nachdem er sich Jahrelang mit großer Vorliebe in die Haupterzeugnisse der romanischen und germanischen Literatur vertieft und das Verständniß derselben durch zahlreiche Uebersetzungen und das große Sammelwerk „The Poets and Poetry of Europe" wesentlich gefördert hatte, fühlte er sich von Jahr zu Jahr unwiderstehlicher zum großen Florentiner hingezogen und er ward den einmal gerufenen Geist auch nicht eher los, bis er seine mit zahlreichen, werthvollen Anmerkungen geschmückte Dante-Uebersetzung in drei stattlichen Bänden gedruckt in Händen hielt. Schon 1838 hatte er eine längere Abhandlung über Dante veröffentlicht und wenn diese auch gerade nicht als ein werthvoller Beitrag zur Literatur über den berühmten Italiener bezeichnet werden kann, so legte sie doch genügend Zeugniß ab von dem Interesse, das Longfellow für die Göttliche Comödie beseelte.

Auch trug seine Uebersetzung (1850) der Abhandlung des Philosophen Schelling über Dante wesentlich dazu bei, das Meisterwerk alt-italienischer Poesie den Amerikanern näher zu bringen und dem Verständniß desselben Bahn zu brechen. Obgleich er nun später in diesem Bestreben durch Prof. Norton, den Uebersetzer der „Vita Nuova" und noch später durch James R. Lowell eifrig unterstützt wurde, und ihm inzwischen seine anderen Werke eine beneidenswerthe Popularität verschafft hatten, so haben doch alle diese günstigen Umstände es nicht vermocht, das Dantestudium in dem von ihm gewünschten Maße zu verallgemeinern und zwar aus folgenden Gründen: Erstens haben nur sehr Wenige in unserer, an allerlei Ansprüchen überreichen, sehr beschäftigten Zeit, die nöthige Muße, ihr ganzes Leben einem einzigen Schriftsteller zu widmen, denn mit einem halben kann auch hier nur Halbes geleistet werden. Mit oberflächlicher Sprachkenntniß reicht man hier nicht aus und an ein wirkliches Verständniß ist nicht zu denken, ohne daß man sich vorher in die „Tiefen" und Ausdrucksweisen der mittelalterlichen Scholastiker, besonders des Thomas von Aquino, gründlich hineingearbeitet und die italienische Specialgeschichte zu einem besonderen Studium gemacht hat. Und dann bleibt immer noch die Frage zur Beantwortung offen, lohnt sich auch wirklich solche Anstrengung? Wiegt der nachherige poetische Genuß alle Opfer an Zeit und Geld auf? Eine Bejahung ist sicherlich Geschmacksache. Der zweite und zugleich der Hauptgrund, weßhalb sich das gebildete Publikum der „Göttlichen Komödie" gegenüber kühl verhält, ist in dem Umstande zu suchen, daß der Gedankengang jenes Gedichtes unserer Zeitrichtung diametral entgegen steht. Ein starres, dogmatisches Christenthum, wie es darin in glänzender, wohltönender Sprache verherrlicht wird, ist der Mitwelt theilweise durch die blutigen Früchte, die es zur Schmach und Schande der ganzen Menschheit getragen, und theilweise durch die sichern Forschungen von Männern wie Strauß und Renan gänzlich ungenießbar geworden. Hölle, Fegefeuer und Paradies, mögen sie auch mit jedem erdenklichen poetischen Schmuck versehen sein, sind doch nur Begriffe, die man entweder der Vergangenheit oder dem Aberglauben überläßt. Wer sich in der Dante'schen Triologie heimlich finden will, muß wenigstens ein orthodoxer, wenn auch gerade kein ultramontaner Christ sein. Ein solcher nun ist Longfellow.

Proteſtantiſche Strenggläubigkeit iſt ſeine Beatrice geweſen, die ihm im Heiligthum der Poeſie ſtets zur Seite ſtand. Ja, er hat durch die Wahl ſeiner Stoffe ſeiner Strenggläubigkeit mitunter ſol= chen Ausdruck verliehen, daß der Jeſuitenpater Alexander Baum= gartner in ſeiner Schrift über Longfellow's Dichtungen (Freiburg, 1877) ihn der unverantwortlichſten Inconſequenz beſchuldigt, weil er ſich nicht ſchon längſt in den Schooß der unfehlbaren Kirche geflüchtet hat.

Die Heldin ſeiner acadiſchen Idylle iſt eine Katholikin vom reinſten Waſſer; die „Goldne Legende" beruht auf alleinſeligmachen= den Anſichten des Mittelalters; Hiawatha befiehlt vor ſeinem Ab= ſchiede ſeinen rothen Stammesgenoſſen, die Maria verherrlichenden Schwarzröcke als Brüder anzuerkennen und aufzunehmen; in den Neuengland=Tragödien hat er die Intoleranz der Puritaner derb gegeißelt; in den „Coplas de Manrique" *) liefert er eine Ueber= ſetzung des Hauptwerkes eines katholiſchen Dichters des 15. Jahr= hunderts, in dem jedoch wenig ſpecifiſch Katholiſches zu finden iſt, und ſchließlich hat er, wie Baumgartner bemerkt, durch die Auf= nahme des Gedichtes eines der größten katholiſchen Dichter in ſeine Werke, ſich ſelbſt nach der religiöſen Seite hin ergänzt. Doch iſt Longfellow trotzdem noch immer nicht katholiſch geworden. Aber, fragen wir, war denn Dante überhaupt in allen Stücken ein ſtrenggläubiger Katholik?

Dante war in der zweiten Hälfte des dreizehnten Jahr= hunderts geboren, und Chriſt ſein hieß damals ſoviel als Katholik ſein. Allerdings hatte vorher ſchon Abälard gelehrt, und waren die Waldenſer mit den Waffen für Glaubensfreiheit aufgetreten; auch hatte der unerſchrockene Abt Joachim in Calabrien Rom eine Hure genannt, und eben ſo ſehr gegen die Verweltlichung der Kirche, wie gegen den Aemterverkauf und die Habſucht der Geiſt= lichen geeifert, aber im Ganzen genommen, hatten jene proteſtan= tiſchen Bewegungen noch ſehr wenig Erfolg gehabt. Obgleich ſich nun Dante nie von der Mutterkirche losgeſagt hat, ſo iſt doch der Umſtand, daß er mehrere Schlagworte des genannten Abtes, „daß

---

*) Dr. K. Brunnemann ſpricht in ſeiner, Tuckermann zu zwei Drit= theilen abgeſchriebenen „Geſchichte der amerikaniſchen Literatur" (Leipzig, 1866) von einer Ueberſetzung der ſpaniſchen Ode auf „Coplas de Manrique." Coplas iſt jedoch der Plural des ſpaniſchen „Copla", was Lied oder Strophe bedeutet.

Geist verkündend die Zukunft spähte" (Paradies 12, 140) in seiner „Göttlichen Commödie" anführte, schon genügend, um sich ein Urtheil über seine religiöse Gesinnung zu bilden. Auch dürfte er heutigen Tages schon deshalb nicht als vollwichtiger Katholik betrachtet werden, weil er, wie aus dem 11. Gesange der „Hölle" hervorgeht, kein Anhänger des Unfehlbarkeitsdogmas war und die Behauptung aufstellte, daß die päpstliche Würde nicht vor Irrlehre schütze. So sehr sich auch Dante in geistlichen Dingen an Thomas von Aquino anlehnte, so sehr wich er in seinen Ansichten über die Superiorität der Kirche von ihm ab; er gehörte der ghibellinischen Partei an, und wünschte als solcher die Unabhängigkeit des Staates von der Kirche. Ueber Rom sagt Dante, daß Christus dort täglich auf's Neue verkauft werde. Er war also ein ähnlicher Katholik, wie die mittelhochdeutschen Dichter Walther von der Vogelweide und Reinmar von Zweter.

Dante's Werk umfaßt in allegorischem Gewande das ganze damals bekannte Wissen. Er hatte das Trivium und Quadrivium absolvirt und den Lehrgegenständen des letzteren noch das Studium der Theologie, des Zeichnens und der Medicin hinzugefügt, denn das omne scibile war damals noch möglich. Sein Werk nannte er einfach „Commedia" weil der Schluß in den Himmel verlegt ist; erst anfangs des 16. Jahrhunderts ist dieser Bezeichnung das Adjectiv „divina" zugesellt worden. Hätte ihm das Schicksal stets freundlich gelächelt und wäre ihm der angeerbte Wohlstand erhalten, so wäre die Welt sicherlich ohne jene Dichtung geblieben. So aber ward er in der Welt umhergeworfen, wo die Gegensätze des Lebens mächtig auf ihn einwirkten; und während er das Brod der Verbannung aß, war sein Hauptaugenmerk darauf gerichtet, wie er der fernen Nachwelt Achtung abtrotze. Die Politik Italiens war stürmisch und blutig; die Religion beherrschte noch das gesammte Leben. Diese beiden Factoren waren nun das äußere Material, das er verarbeitete; sie waren das Knochengerüst, dem er poetisches Leben einhauchte. Hölle, Fegefeuer und Himmel trug er in eigner Brust. Commödien, die göttlich sind, können, wie Carlyle bemerkt, nur der Hölle entstammen. Er scheint lieber errathen, als verstanden werden zu wollen. In einem seiner Briefe spricht er von einer wörtlichen und allegorischen oder moralischen Deutung, wodurch natürlich den Commentatoren für die divergirendsten Conjecturen der weiteste Spielraum gelassen ist. Diejenigen, welche nur ein politisches Spiegelbild der betreffenden Zeit darin erblickten, haben die Oertlichkeiten der jenseitigen Phantasiewelt auf die Topographie der Erdoberfläche übertragen und die handelnden Personen gewaltsam in das Prokrustesbett ihrer eigenen Ideen gezwängt. In dem Engel des 9. Gesanges der „Hölle" hat man Heinrich den Siebenten und in der Stadt Dis Florenz erkennen wollen. Eine besonders reiche Fundgrube bot da gerade der dunkelste Theil des Gedichtes, das mit Allegorien überladene „Paradies" dar. Gabriele Rosetti steht mit seinen geistreichen Schwärmereien an der Spitze der politischen Erklärer und trotzdem seine Ansichten in Italien durch Pianciani, Giuliani, und Marcucci und in Deutschland durch Carl Witte bekämpft wurden, und zwar zu dem Zwecke, den endgültigen Beweis zu liefern, daß die Grundidee des Gedichtes lediglich eine christliche sei, so hat sich sein Standpunkt doch noch nicht als ein überwundener erwiesen, und wer sich da nach einem recht spaßhaften Beleg sehnt, den verweisen wir der Kürze wegen auf die Schrift des speciell preußischen Christen und Kreisgerichtsraths G. F. Stedefeld, „Die christlich=germanische Weltanschauung" (Berlin, 1871), worin man Seite 13—17 das Nöthige findet.

Was man auch immerhin von all diesen Deutungen denken mag, die Ansichten des Geschichtsforschers Schlosser, der sich fünfzig Jahre lang angelegentlich mit Dante beschäftigte, haben unzweifelhaft ihre volle Berechtigung:

„Die vielfachsten Deutungen eines so umfassenden Gedichts wie die Divina Commedia können zu gleicher Zeit für ganz verschiedene Geister und Gemüther wahr sein, und es kommt sehr wenig darauf an, was der Dichter selbst gedacht und gemeint hat, denn er ist nur Organ des höheren in der Menschheit lebenden und in und durch Einzelne erscheinenden Geistes, und sein Werk ist als freie Schöpfung vieldeutig, wie die göttlichen Schöpfungen der Außenwelt."

Im Jahre 1865, also dem sogenannten Dante=Jahre, beschäftigte man sich in Deutschland sehr eingehend mit der Frage, wie Dante am Besten für das allgemeine, gebildete Publikum zu übersetzen sei. Man hatte die Unzulänglichkeit der gereimten Terzinen=Uebersetzungen von Kannegießer und Streckfuß erkannt, und daher sich dahin ausgesprochen, daß, wenn irgend etwas aufgegeben werden müsse, es der Reim sei, da die Deutlichkeit und Genauigkeit durchaus nicht beeinträchtigt werden dürften. — Aber dies hatten ja Kopisch und Philalethes versucht, indem sie die „Göttliche Commödie" in reimlose Jamben übertrugen, wodurch sie allerdings das an Treue gewannen, was sie am poetischen Hauche des Originals einbüßten. Will man aber durchaus wörtliche Treue, warum übersetzt man dann nicht das Werk in Prosa, wie es z. B. der Engländer Hayward mit dem ersten Theile von Goethe's Faust gethan hat? Dante legte bekanntlich sehr großen Werth auf die Form, und der von ihm gewählten terza rima wird sogar, ob mit Recht oder Unrecht, wollen wir dahin gestellt sein lassen, eine mystische Bedeutung zugesprochen. Für Denjenigen also, der ein solches Werk dem Originale ebenbürtig übertragen und kein Zerrbild desselben liefern will, ist die Form durchaus keine Nebensache; daß aber eine solche Aufgabe, besonders in vorliegendem Falle, sehr schwierig und mühsam ist, wird sicherlich Niemand in Abrede stellen. Die terza rima, deren Metrum bei Dante ein jambisches mit weiblichem Ausgange ist, ist im Italienischen wegen der vielen ähnlich lautenden Wörter verhältnißmäßig leicht; sie aber genau nachzuahmen ist im Deutschen schwierig, und im Englischen, der wenigen weiblichen Reime wegen, fast eine Unmöglichkeit. Die Terzinen-Uebersetzung des Engländers Dayman und die des Bostoner Zahnarztes T. W. Parsons, von der aber leider nur die „Hölle" im Druck erschienen ist, zeigen uns deshalb auch nur männliche Reime; Cary's sehr populär gewordene Uebertragung ist in reimlosen fünffüßigen Jamben gehalten, was man „blank verse" nennt. Derselbe ist nun in England durch den Vorgang Milton's viel beliebter geworden, als bei uns und Longfellow hat ihn daher auch für seine Dante-Uebertragung gewählt. Ihm kommt es vor allen Dingen auf wörtliche Genauigkeit an; ja, er geht darin so weit, daß er jede Zeile, Wort für Wort, mit dem Originale in Einklang bringt. *) Dadurch aber hat er

---

*) Band 2, S. 479 in Ticknor's „Life, Letters and Journals" (Boston, 1876) lesen wir in einem Briefe an den verstorbenen König Johann von Sachsen, datirt den 6. Septbr. 1867: „Ein Buch, das mich sehr interessirte und das ich Ihnen sandte, wird sicherlich auch Ihnen Freude bereiten. Es ist die Uebersetzung der „Divina Commedia" von unserm wohlbekannten

der Sprache widrige Fesseln angelegt und sich selbst die Hände gebunden. Er, der in seinen Gedichten die romantischen Ausdrücke so viel wie möglich vermeidet, ist nun gezwungen, um jede Zeile metrisch auszufüllen, seine Zuflucht zu Wörtern zu nehmen, die ihm sein Sprachgefühl sonst nicht eingegeben hätte. Was er dadurch an Buchstaben gewinnt, verliert er an der Diction. So übersetzt er z. B. das Wort tremante in der Stelle

„La bocca mi bacio tutto tremante" (Inferno V.)

mit Palpitating, wo doch „trembling" so nahe lag, und dann lese man seine Version des bekannten Anfangsverses des dritten Gesanges der „Hölle":

Per me si va nella citta dolente,
Per me si va nell'eterno dolore,
Per me si va tra la perduta gente —

„Through me the way is to the city *dolent*,
Through me the way is to eternal *dole*,
Through me the way among the people lost,"

klingen da *dolente* und *dole* nicht auffallend unangenehm und gezwungen?

Man halte z. B. Parsons Uebertragung daneben:

„Through me you reach the city of despair,
Through me eternal wretchedness ye find,
Through me among perdition's race ye fare,"

und sicherlich wird man sich eher einen Begriff von der markigen Sprache des Originals machen können.

„Alti guai" im Inferno übersetzt er, des Metrums wegen, mit „ululations loud"; Cary hat in diesem Falle „loud moans" und Parsons „howls of woe".

Die Zeile

„Volan per l'aer dal voler portrate" (Inferno V.)

gibt er mit

„Fly through the air by their volition borne"

Dichter Longfellow. Er hat sich viele Jahre damit beschäftigt — soviel ich weiß über fünf und zwanzig Jahre — und sich dabei solche schwierige Aufgaben gestellt, daß ich mich wundere, wie er denselben überhaupt nur gerecht werden konnte, denn er hat das ganze Gedicht Zeile für Zeile übersetzt, sodaß jede genau dasselbe des correspondirenden Originals enthält, kein bischen mehr oder weniger. In dieser Hinsicht ist er strenger gegen sich gewesen, als irgend ein mir bekannter Uebersetzer, Ihre Majestät sogar nicht ausgenommen."

wieder; „wish" oder „will" wäre sicherlich näher gelegen. Wir könnten leicht noch eine Menge derartiger Absonderlichkeiten anführen, ziehen jedoch vor, es mit den wenigen Beispielen zur Begründung unseres Urtheils bewenden zu lassen. Außerdem ist Longfellow durch das sich selbst gesetzte Ziel seiner Uebersetzung häufig zu Inversionen gezwungen, die ganz und gar dem Geiste der englischen Sprache widersprechen und die mitunter für das Verständniß, das er doch so gern anbahnen möchte, sehr hinderlich sind. Daß Longfellow die englische Schreibweise von Wörtern wie honor, vigor u. s. w. der amerikanischen (also honour, vigour,) für diesmal vorzieht, dürfte kaum des Erwähnens werth sein.

Eine höchst werthvolle Zugabe ist aber der ausgezeichnete literarische Apparat, welcher bei Weitem mehr als die Hälfte des Werkes einnimmt. Er enthält eine ganze Dante-Bibliothek in nuce; man findet darin Prosaübersetzungen des zum richtigen Verständniß Dante's so wichtigen elften Buches der Odyssee und des sechsten der Aeneide; einige mittelalterliche Mönchsvisionen von Himmel, Hölle und Fegefeuer, eine angelsächsische Beschreibung des Paradieses, Erläuterungen aus zahlreichen Historikern, Reisebeschreibern und interessante Parallelstellen aus den altenglischen Dichtern, Gower, Chaucer, Spenser, Shakesspeare u. s. w. Auch hat Longfellow die besten Textrevisionen mit großer Vorsicht zu Rathe gezogen und sich überhaupt in seinen Anmerkungen als Dante-Forscher ersten Ranges bewiesen. Sollte er durch seine Bearbeitung für die kleine stille Gemeinde der Dante-Verehrer neue Proselyten gemacht, resp. einen lohnenden Absatz dafür gefunden haben, so kommt dies sicherlich mehr auf Rechnung seiner großen Popularität, als auf den behandelten Gegenstand; denn, wie eingangs bemerkt, populär im eigentlichen Sinne wird und kann Dante nie werden. Er wird seine Verehrer und Enthusiasten finden, es wird immer Leute geben, die ihn, wie Longfellow in seinem Sonetten-Prologe als Bringer des Lichts und der Freiheit für alle Nationen besingen, dem größeren, jedoch nicht ungebildeten Publikum wird er von Jahr zu Jahr fremder gegenüber stehen. Dante's allerdings plastisch gezeichneten Gestalten wirken mehr auf den Verstand als auf das Gemüth; seine Personen sind Geister, aber als solche zu real und nicht geisterhaft genug; wie unendlich über ihn erhaben steht doch in dieser Beziehung der unvergleichliche

Shakespeare da! An Humor ist er eben so arm, wie sein englischer Nachfolger Milton. Fühlte sich Longfellow vielleicht gerade deshalb zu ihm hingezogen? An tüchtigen Versuchen, Dante in Amerika heimisch zu machen, hat es bis jetzt nicht gefehlt. Der erste und hauptsächlichste ging unseres Wissens von dem gründlichen Literaturkenner George Ticknor aus. Ihn hatte während seiner Studienjahre in Göttingen der wohlhabende Advocat Ballhorn in die Geheimnisse der „Göttlichen Commödie" eingeweiht, und später war er in lebhaften Verkehr mit Philalethes getreten, in dessen Schlosse er eine Zeitlang den Dante=Abenden regelmäßig beiwohnte. Nachdem er wieder nach Amerika zurückgekehrt war, und eine Professur am Harvard College angenommen hatte, war sein Erstes, einen Cursus von Vorlesungen über Dante zu halten, die seinen eigenen Aufzeichnungen gemäß stets von einem zahlreichen Auditorium besucht waren. *) Ihm folgte Longfellow und diesem James R. Lowell, dessen Dichtername ebenfalls einen guten Klang hat. Mag man nun den Grund in dem unsympathischen Wesen des letzteren als Vorleser, oder in dem Umstande suchen, daß die lebenslustigen Harvard=Studenten nicht mehr so fromm sind wie früher, einerlei, die Thatsache ist nicht wegzuläugnen: an Dante vergreifen sich verhältnißmäßig nur noch sehr wenige, und an ein wirklich ernstes Studium desselben denkt fast kein Einziger. Und darf uns dies wundern? Ist doch Dante selbst in seinem Geburtslande stets ein Fremder geblieben; Jeder kennt allerdings seinen Namen, viele besitzen sein Werk, aber nur wenige lesen und noch weniger verstehen es. Goethe konnte sich bekanntlich nie recht für Dante begeistern, und Schopenhauer ist der Ansicht, daß er bedeutend überschätzt worden sei.

---

*) Siehe „Life, Letters and Journals of George Ticknor." Boston, 1876.

Profaische Schriften.

„Poems of Places." „Poets and Poetry of Europe."

Nachdem Longfellow im Jahre 1829 von seiner mehrjährigen europäischen Tour zurückgekehrt war und die ihm früher angetragene Professur für neuere Sprachen am Bowdoin-College angenommen hatte, beschäftigte er sich, außer mit seinen Beiträgen für die North-American Review, mit der Zusammenstellung seiner zahlreichen Reiseeindrücke, die er im Jahre 1833 unter dem Titel: „Outre-Mer, a Pilgrimage beyond the Sea" herausgab.

In der Einleitung dazu sagt er: „Pay's d'Outre-Mer, oder das Land hinter dem Meere, ist ein Name, den die alten Pilger und Kreuzfahrer dem heiligen Lande beilegten. Auch ich bin in gewissem Sinne ein Pilger nach Outre-Mer gewesen, denn meiner jugendlichen Einbildungskraft war die neue Welt eine Art heiligen Landes, das weit hinter dem blauen Horizonte des Oceans lag, und als ich seine Ufer durch die neblige Atmosphäre des Meeres zuerst erblickte, da schwoll mir das Herz mit den tiefen Erregungen des Pilgers, der von weitem das Thürmlein sieht, das über dem Reliquienschranke seiner Andacht steht.

Auf meiner Pilgerfahrt habe ich viele Länder und viele fremde Plätze besucht. Ich reiste durch Frankreich von der Normandie bis Navarra, rauchte meine Pfeife in einer vlämischen Schenke, fuhr durch Holland in einer Treckschuit, putzte zur Mitternacht meine Lampe in einer deutschen Universitätstadt, wanderte nachdenklich durch die classischen Scenen Italiens und lauschte der lustigen Guitarre und den munteren Castagnetten am Ufer des blauen Guadalquivir."

Frankreich, dessen ländliche Schönheiten er nicht genug rühmen kann, bereiste er in einer Diligence und beschreibt uns die Personen und das Leben, wie es ihm der Zufall auf der Landstraße zeigt. In Rouen wird er im siebenten Stocke — er zählte, um sicher zu sein, die Treppen zweimal — einquartirt und hat dabei die schönste Gelegenheit, die Welt aus der Höhe beobachten zu können.

Bei Tisch läßt er sich von einem gesprächigen Antiquar allerlei Geschichten erzählen, und füllt durch Wiedergabe derselben einen Theil seines Werkes. In Auteuil, einem reizenden Städtchen bei Paris, verbringt er einen angenehmen Sommermonat, nimmt an den Leiden und Freuden der Landleute regen Antheil und macht sich mit den katholischen Gebräuchen und Ansichten vertraut. Allem, was sich ihm zeigt, bringt er das lebhafteste Interesse entgegen, und entwickelt eine wahrhafte Hiobsgeduld beim Anhören sonderbarer Geschichten, die ihm ein sechzigjähriger verliebter Narr erzählt.

Im Herbste reist er am Ufer des Loire zu Fuß von Orleans nach Tours, bewundert die zahlreichen Schlösser und Ruinen im Garten Frankreichs, wodurch er so mittelalterlich gestimmt wird, daß er nicht umhin kann, den Fabliaux der Troubadours ein besonderes Kapitel zu widmen.

Ebenso interessiren ihn die Lieder und Traditionen der Spanier, deren Land er im folgenden Frühjahr besucht; er übersetzt mehrere Volksgesänge und verbreitet sich ausführlich über ihre Balladen und Kirchenlieder.

Im December 1827 reist er weiter nach Italien und zwar zuerst nach Genua. Die Reise dahin, sagt er, sei mit einem Sonnenstrahl in sein Gedächtniß eingeschrieben. Er besucht Pisa und Florenz und bringt einen heißen Sommermonat in Rom zu. Dann begiebt er sich nach Deutschland, über das er aber in diesem Buche auffallend wenig zu sagen hat.

Longfellow zeigt sich in diesem Werke so recht von seiner wahren Charakterseite: leutselig und gutmüthig bis zum Extrem. Er ist mit Allem zufrieden, wenn nur seine poetische Neigung einigermaßen Nahrung findet. Sein Styl ist anmuthig und schonungsvoll und die zahlreich eingestreuten Citate bekunden nicht allein seine ausgedehnte Belesenheit und Bekanntschaft mit der schönen Literatur, sondern sie zeigen auch, daß er das, was er beobachtete, stets mit dem Auge des Poeten ansah.

In dem im Winter 1838—39 in dem reizenden Cambridge bei Boston abgefaßten „Hyperion" beschäftigt sich Longfellow ausschließlich mit Deutschland. Er nennt jenes Werk eine „romance"; eigentlich ist es jedoch nichts, als eine an einen sehr losen novellistischen Faden geknüpfte Beschreibung des deutschen Lebens und Landes und eine begeisterte Anerkennung der Vorzüge der deutschen Literatur.

Die Rheingegend entzückt ihn, resp. seinen Helden Paul Flemming, zu der Bemerkung, daß jeder Deutsche das Recht habe, stolz darauf zu sein. Bei Tisch, und wo er nur sonst eine Gelegenheit findet, spricht er über deutsche Dichter und hält besonders Jean Paul, „dem Einzigen", eine gewaltige Lobrede.

In Heidelberg angekommen, wird natürlich zuerst das Schloß besucht und beschrieben; dann wird die Geschichte der Universität mitgetheilt, und dem deutschen Studentenleben eine eingehende Schilderung gewidmet. Da „Paul Flemming" nicht gut mit sich allein reden kann, so hat ihm Longfellow noch einen Freund zugesellt, dessen Anschauungsweise etwas realistisch ist, was den zur Sentimentalität geneigten Helden hin und wieder zu einer besseren und klareren Würdigung der Dinge und Menschen bewegt. Der Hauptgegenstand ihrer Unterhaltung ist natürlich die Literatur. Tiedge's „Urania" giebt Veranlassung zu mancher treffenden Bemerkung; Goethe's Verhältniß zu Bettina wird bekrittelt und da vom „Kinde" bis zum „des Knaben Wunderhorn" sich leicht ein rascher Uebergang finden läßt, besonders wenn man ihn sucht, so hat sich denn auch Longfellow diesen Umstand zu Nutzen gemacht, um jenes Buch, aus dem er auch die Gedichte „Es ist ein Schnitter, sein Nam' ist Tod" und „Hüt' Du Dich!" übersetzt hat, einmal recht nach Herzenslust loben zu können.

Das studentische Kneipenleben schildert er recht anschaulich und liefert dabei eine, in einigen Punkten allerdings etwas zahme Uebersetzung des bekannten Fuchsliedes „Was kommt dort von der Höh'".

Beim Besuche des Goethe'schen Hauses in Frankfurt wird über Goethe's wundervolle Vielseitigkeit gesprochen; dann reist Flemming nach der Schweiz, woselbst er sich, damit das Buch doch einigermaßen auf den Titel „Romanze" Anspruch machen kann, in eine Engländerin verliebt. Vor allen Dingen ist er nun darauf bedacht, ihr ebenfalls Geschmack an der deutschen Literatur beizubringen und sucht sie vorerst für Uhland zu gewinnen; da er jedoch auf keine Weise ein Entgegenkommen bei ihr findet, so eilt

„Poems of Places." „Poets and Poetry of Europe."   119

er mit seinem Freunde, um sich von seiner Enttäuschung zu erholen, nach Tirol. Dort setzen beide ihre literarischen Gespräche fort, und dann werden uns auch die landschaftlichen Schönheiten veranschaulicht.

Das Buch endet mit keiner Heirath. Es ist überhaupt nur eine längere Plauderei über alles Das, was Longfellow während seines Aufenthaltes in Deutschland interessirte. Für uns Deutsche ist es nur insofern von hoher Bedeutung, als er damit in Amerika viel zur Anerkennung deutscher Sitte, Kunst und Wissenschaft beigetragen hat und zwar zu einer Zeit, wo es im höchsten Grade nothwendig war.

In der Novelle „Kavanagh" führt uns Longfellow zuerst einen romantisch angehauchten Schulmeister vor, den das Schicksal zu einem Poeten bestimmt zu haben scheint. Er unterhält sich mit seiner Frau über Mathematik und sucht ihr an dem Sanskritwerke „Lilawati" zu beweisen, daß in jener Wissenschaft doch Poesie stecke, trotzdem man allgemein der entgegengesetzten Ansicht sei. Die zweite Person, die wir kennen lernen, ist der alte Pastor Pendexter, der sich gerade auf seine erzwungene Abschiedspredigt vorbereitet. Dann werden wir mit der zartbesaiteten Alice und ihren häuslichen Verhältnissen bekannt gemacht; dieselbe verliebt sich sterblich in den jungen Kavanagh, den Nachfolger Pendexter's, ohne jedoch Gegenliebe zu finden. Jener verlobt sich vielmehr mit einer reichen Freundin derselben und Alice stirbt an gebrochenem Herzen.

Besonders gut gezeichnet ist der Schulmeister, der hunderterlei Pläne mit sich herumträgt, aber keinen zur Ausführung bringt; der Charakter der sämmtlichen übrigen Personen ist hingegen matt und farblos gezeichnet. Der Zweck des Buches ist, eine Darstellung des Dorflebens in Neuengland zu liefern.

Seine in verschiedenen Revuen erschienenen Aufsätze hat Longfellow unter den Titel „Driftwood" herausgegeben. Die Hauptnummern darin sind die Abhandlung über die Frithjofsage, angelsächsische Literatur und Dante.

* * *

Madame de Staël sagt irgendwo, daß von allen Vergnügungen das Reisen die allertraurigste sei; das mag nun etwas übertrieben sein, aber sicherlich ist das Reisen mit schmerzlichen Entbehrungen, kränkenden Vorfällen und zahlreichen sonstigen Widerwärtigkeiten verknüpft, so daß dabei Mancher im Stillen den Tag verwünscht, an dem ihm die Idee kam, die Heimath auf kurze Zeit mit der Fremde zu vertauschen. Ist er jedoch endlich wieder glücklich und wohlbehalten in seinem Hause angelangt und denkt er an seine Kreuz- und Querfahrten zurück, so kommt ihm seine Reise wie eine Landschaft vor, die er soeben durchwandert hat. Der Wechsel von Berg und Thal, von Blumenhecken und frischen Wiesen ergötzt sein Herz und Gemüth und die Müdigkeit seines Körpers weicht vor dem bezaubernden Gesammtbilde zurück. Denn nun denkt er nicht mehr an die Anstrengung, die mit dem Erklimmen der Berge verknüpft war; die Dornen, die bei den Rosen stehen und ihn verwundeten, sieht er nicht mehr, und daß die grünen Matten nicht trocknen Fußes zu betreten waren, daran erinnert ihn allenfalls noch seine Fußbekleidung; in sein Herz ist jedoch beschauliche Ruhe eingezogen und er fühlt nun, wie nöthig der Schatten ist, um den Reiz des Lichtes zu steigern.

Selten taucht im Menschen eine angenehme Erinnerung auf, ohne daß sie seine Phantasie in ein poetisches Kleid hüllt. Ein solches poetisches und farbenreiches Kleid sucht nun Longfellow für diejenigen zu liefern, die, wie er, einen Theil ihrer Jugendjahre im Auslande zugebracht haben, und die nun in ihrer ruhigen Häuslichkeit gern die Tage der Vergangenheit an sich vorüberziehen lassen. Er stellt also aus den besten älteren und neuern Dichtungen diejenigen zusammen, die sich auf irgend einen Ort beziehen, und so entstand sein interessantes Sammelwerk „Poems of Places", von dem der 1. Band im Frühjahr 1876 erschien. In dem kurzen Vorworte sagt er, was übrigens aus seinen Reiseskizzen längst zur Genüge bekannt war, daß auf seinen mannigfachen Wanderungen die Dichter stets seine liebsten Begleiter waren; dieselben sehen, meint er, Dinge, die dem gewöhnlichen Auge meist verborgen bleiben und sie lassen auf Dornsträuchern Elegien und auf Disteln Oden wachsen.

Nach dem Prolog zu urtheilen, der aus Montgomery's Gedicht „A Journey around the world" besteht, scheint es die Absicht des Compilators zu sein, eine poetische Reise um die Welt zu liefern und daß er mit seiner erstaunlichen Belesenheit und

Literaturkenntniß dazu gerade der geeignete Mann ist, bedarf keiner weitern Erwähnung.

Bis jetzt (August 1878) sind von jener Sammlung 20 Bände erschienen; davon kommen 4 auf England und Wales, 1 auf Irland, 3 auf Schottland, Dänemark, Island, Norwegen und Schweden, 2 auf Frankreich und Savoyen, 3 auf Italien, 2 auf Spanien, Portugal, Belgien und Holland, 1 auf die Schweiz und Oesterreich, 2 auf Deutschland, 1 auf Griechenland und 1 auf Rußland. Die Gedichte sind alphabetisch nach den betreffenden Plätzen geordnet, so daß es also jedem Leser bequem gemacht ist, nachzuweisen, welche Stelle poetisch verherrlicht worden ist und durch wen dieses geschah.

Die England gewidmeten Bände bestehen fast ausschließlich aus Gedichten von englischen und amerikanischen Verfassern; von Dichtern Deutschland's ist nur Uhland durch eine Uebersetzung von „Das Glück von Edenhall" vertreten. Das an Naturschönheiten und historischen Reminiscenzen so reiche Irland nur durch einen Band abzufertigen, scheint uns denn doch nicht genügend zu sein, besonders da hier das poetische Material so reich vorliegt: schmerzlich vermissen wir daher das herrliche Gedicht „Irland" von Freiligrath, der doch von Longfellow so hoch geschätzt wird. Auch wären einige Lieder von Julius Rodenberg, die von W. Vocke ganz herrlich übertragen sind*), hier am Platze gewesen; doch wollen wir darüber mit dem Compilator nicht rechten. Zur Zusammenstellung der Bände über Schottland wurden hauptsächlich bei Burns, Scott und Motherwell Anleihen gemacht, und wo sich eine Shakespear'sche Stelle zur Aufnahme eignete, ist sie nicht vergessen worden.

Bei Italien, dem Lieblingslande amerikanischer Reisender, ist auch die cisatlantische Literatur durch große Ausführlichkeit, wenn auch nicht immer durch „Verdienst und Würdigkeit" vertreten. Wir finden da Beiträge von W. W. Storey, Frau Stoddard, Bayard Taylor, J. W. Parsons (dem Bostoner Dante-Uebersetzer und Zahnarzt), J. F. Clarke, H. B. Stowe, O. W. Holmes, C. P. Cranch (dem Uebersetzer der „Aeneide"), Joaquin Miller u. s. w.; doch ist auch die italienische Literatur, mit der sich

---

*) The Poems of Julius Rodenberg, translated into English verse, by William Vocke. Chicago 1869.

Longfellow seit geraumen Jahren leidenschaftlich beschäftigt, gebührend berücksichtigt; einem deutschen Dichter begegnen wir jedoch sehr selten, was hier um so unverzeihlicher ist, als dieselben denn doch in dieser Hinsicht von jeher sehr fruchtbar waren und Erzeugnisse aufzuweisen haben, die zu den besten gehören, die jemals über den „Garten Europa's" in die Welt gesandt wurden. So vermissen wir bei Orvieto W. Müller's humoristisches Gedicht über den Est-Wein, bei Rom wäre sicherlich Kinkel's „Du ruh'st auf deinen sieben Bergen" und Lepel's „Der Reiter auf dem Capitol" angebracht gewesen; und dann, welche herrlichen Gedichte haben nicht Fr. Hebbel, Victor Scheffel, Mathisson, J. Th. Bischer, A. W. v. Schlegel, H. Klette, A. v. Platen u. s. w. über die Landschaften und das Leben Italien's geliefert!

Scandinavien hätte sicherlich zum wenigsten einen vollständigen Band verdient; an Stoff dazu, der bereits längst übersetzt ist, fehlte es doch nicht. Auch hätte Longfellow dabei auf ein dankbares Publicum getrost rechnen können, da sich die Amerikaner in neuerer Zeit mit jenem Lande sehr eingehend beschäftigen, wie die Werke von Griffin, R. B. Anderson u. s. w. zur Genüge beweisen.

Die Auswahl über Spanien zeugt durchgängig von geläutertem Geschmack und für die ziemlich ausführliche Berücksichtigung der altspanischen Romanzen-Poesie verdient Longfellow den Dank jedes Literaturfreundes.

Die Schweiz und das gesammte Oesterreich müssen sich mit einem Bande zufrieden geben, was sicherlich zu der Berücksichtigung England's und Italien's in keinem Verhältniß steht.

Die zweibändige Sammlung über Deutschland, die mit dem albernen Gedichte Thakeray's über Goethe's „Werther" schließt, enthält zahlreiche und größtentheils gute Uebersetzungen aus Klopstock, Schiller, Arndt, Freiligrath („Deutschland ist Hamlet"), Heine, Rückert, Körner, Voß, Claudius, Simrock, Simon Dach und dem Nibelungen-Liede. Aus Scheffel's „Als die Römer frech geworden" hat Longfellow die drei vorletzten Verse weggelassen, was wir nur anerkennen können; auch ist die Leland'sche Uebersetzung jenes Gedichtes die traurigste, die man sich nur denken kann.[*]

---

[*] Zur Behauptung meines Urtheils führe ich nur den Vers an:
„Sein deutscher Sclave, Schmidt geheißen,
Dacht': Ihn soll das Mäusle beißen,

Bürger's Ballade vom wilden Jäger hätten wir auch lieber in einer andern als der ungenauen und veralteten Uebersetzung von Walter Scott gesehen und erlauben uns daher, Herrn Longfellow auf die Version von Chas. J. Luckens, die 1870 in Pamphletform zu Philadelphia erschien, als ein bewunderungswürdiges Meisterwerk der Uebersetzungskunst aufmerksam zu machen.

Die Ausstattung der „Poems of Places" ist eine sehr gefällige; auch ist das Format der einzelnen Bände ein „handliches", wie man es an der Reise-Lectüre gewöhnt ist.

* * *

Bei der Besprechung des 1845 in Philadelphia erschienenen Werkes „Poets and Poetry of Europe" können wir uns kurz fassen, da es nach Longfellow's Bemerkung nur eine Sammlung, aber keine Auswahl europäischer Dichtungen darbietet. Es enthält Gedichte aus dem Isländischen, Angelsächsischen, Dänischen, Schwedischen, Deutschen, Holländischen, Französischen, Italienischen, Spanischen und Portugiesischen. Jeder Abtheilung ist eine kurze literarische Einleitung zur Orientirung vorausgeschickt. Die Ausgabe von 1870 enthält ein Supplement von 140 Seiten, in dem hauptsächlich die italienische Literatur berücksichtigt ist. Gegenwärtig ist das Werk nicht mehr im Buchhandel zu haben.

<pre>
        Wenn er sie je wieder kriegt,
        Denn wer einmal todt da liegt,
        Wird nicht mehr lebendig!"
   Denselben übersetzt Hans Breitmann-Leland (S. 47 „Gaudeamus" etc.
Boston, 1872) wie folgt:
        „His German slave, Hans Schmidt bechristened,
        Who in the corner stood and listened,
        Remarked: „Der teufel take me wenn
        He efer kits dose droups acain,
        For tead men ish not lif in!"
</pre>

Verlag von Hermann Grüning in Hamburg:

Longfellow, Henry W., „Pandora", übersetzt von Isabella Schuckart. Autorisirte Ausgabe. Elegant gebunden mit Holzschnitt in Enveloppe . . . . M. 1.20
Dr. Gustav Wustmann, Secretair der Stadtbibliothek in Leipzig, sagt in seinem 1877er literarischen Jahresbericht S. 32 hierüber:
„Die Uebersetzung passt sich der Schönheit des Originals mit überraschender Treue an. Einzelne Partieen sind von wahrhaft musikalischem Wohllaut der Dictien.
Die Gothaische Zeitung 1877. Nr. 280 u. A.:
„Der großartige und bedeutungsvolle Sagenstoff wird hier mit einer Feinheit und Klarheit, mit einer Vollendung der Form und Tiefe des Gehaltes vorgeführt, welche uns zur vollsten Verehrung und Bewunderung hinreißt. Die deutsche Uebersetzung, welche uns hier in dem mannichfach verschlungenen Versmaaße des Originals geboten wird, hat die Schwierigkeiten einer solchen Uebertragung so glücklich zu überwinden gewusst, dass sie sich wie eine Originaldichtung liest. Es sei das Werk, welches zudem von dem Verleger auf das Sauberste ausgestattet ist, allen Freunden einer edlen Poesie auf das Wärmste empfohlen."

— **Erzählungen aus einem Wirthshaus an der Landstraße. I.** Uebersetzt von Isabella Schuckart. Autorisirte Ausgabe. Velinpapier. 94 S. Elegant geh. 1.20
 in Prachtband mit Holzschnitt in Enveloppe 2.25
Juristenbrevier. Historia juris civilis. Ein Lehrgedicht in fünf Gesängen von Juris Doctorandus. 83 S. 12. Velinpapier, elegant geheftet . . . . . . 1.—
 Sehr elegant gebunden mit Gold- oder rothem Schnitt . . 2.—
Die „Alma Mater", III. Jahrgang No. 29 sagt hierüber:
Das Werk erinnert an die in letzter Zeit so sehr bekannt gewordenen Bücher M. Raymonds: „Vom gesunden und kranken Herrn Meyer" und der „Dädelomüs"; dort der medicinische, hier der juristische Poet. Originell nach Inhalt und Form, reichlich durchtränkt mit frischem Humor und munterem Witz, der die und da classische wie moderne Überheiten gleich scharf geißelt, ist das Büchlein das amüsanteste und belehrendste Repertorium der Römischen Rechtsgeschichte, das es geben kann. Es sollte in der Fracktasche keines Examenbangen Cand. juris fehlen. Dr. Mr. O.

Bröcker, Dr. L. O., Untersuchungen über die Evangelien und das Leben Jesu. 202 S. gr. 8. Elegant geheftet . . . . 4.—
— Frankreich in den Kämpfen der Romanen, der Germanen und des Christenthums. 468 S. gr. 8. Elegant geheftet . . . . 4.—
— Untersuchungen über die Glaubwürdigkeit der altrömischen Verfassungsgeschichte. 192 S. gr. 8. Elegant geheftet . . . . 3.—
von Friedberg, Professor Dr. Emil, Der Hamburgische Entwurf eines Gesetzes über Ehetrennung. Mit Anhang: Gesetz-Entwurf des Ausschusses der Hamburger Bürgerschaft betreffend Ehetrennung. Zweite Auflage. 32 S. gr. 8. Geheftet. . . . —.60
Gallois, Dr. J. G., Hamburgische Chronik von den ältesten Zeiten bis auf die Jetztzeit. 5 Bände. 3952 S. gr. 8. Mit 8 Karten. (Nur noch wenige Exemplare vorhanden) 20.—
Harder, Dr. K. W., Handelsrechtliche Abhandlungen. Inhalt: Zum Kommissionsgeschäft. Zum Speditionsgeschäft. 71 S. 12. Elegant geheftet 1.20
Koopmann, Dr. R., Die mittelalterlichen Geschichtsquellen in Bezug auf Hamburg. 3 Vorträge. 64 S. 8. Elegant geheftet . . . . 1.—
— Kämmerei-Rechnungen der Stadt Hamburg von 1350—1562. I.—III. Band 1350—1500. 1858 S. gr. 8. à Band . . . . 8.—
— Kleine Beiträge zur Geschichte der Stadt Hamburg und ihres Gebietes. Erster Beitrag: Der Billwärder Ausschlag. Mit Benutzung von archivalischen Quellen und mit urkundlichen Beilagen. 39 S. gr. 8. (Geheftet) . . . . —.75
— Zweiter Beitrag: Zur Geschichte des Rechts und der Verfassung in Hamburg. 82 S. gr. 8. (Geh.) 1.20
Mildberg, Hermann, Das Gesetz des Wasserlaufes. Mit 2 Karten. 50 S. gr. 8. Geheftet 1.—
— Die Elbcorrection bei Hamburg und das Gesetz des Wasserlaufes. 152 S. gr. 8. Mit 2 Karten. Geheftet. 2.—
Wolf, Max, Die natürliche Religion in neuer Auflage. 200 S. gr. 8. Elegant geheftet 2.25
Inhalt: Der Nationalismus; Die Religion des Gewissens. Die Mystik; Die Religion des Gefühls. Die Kirche und ihr Ende.
— Betrachtungen zur Religion und Ethik der Gegenwart. 145 S. gr. 8. Elegant geheftet 2.—
Inhalt: 1) Philisterei und Idealismus. 2) Von der Heuchelei. 3) Die Parallele des Glaubens. 4) Frömmigkeit und Freiheit. 5) Die Weltgesetze und die Religion. 6) Das Leben und die Menschheit. 7) Die Verantwortlichkeit der Bildung. 8) Die Nachfolge Christi und der Feier der Gegenwart.
Beide Schriften geben auf dem Kern der ganzen Zeitfragen auf's Bestimmteste ein und zeigen eine gedankenvolle, vor allem speculativen Schulzwang freie Erfassung der kämpfenden Gegensätze. An geistiger Schärfe fehlt es selten Schriften und, trotz der mildsten Objektivität, mit der sie über alle einzelnen Standpunkte der allgemeinen Bewegung oder vielmehr „Versöhnung" schweben und mit der sie selbst diesen Standpunkte gerecht werden. Jsarnde, „Literarisches Centralblatt." Gotthschall, „Blätter für literarische Unterhaltung." „Europa" und viele andere Journale haben eingehende und günstige Besprechungen gebracht.

www.ingramcontent.com/pod-product-compliance
Lightning Source LLC
Chambersburg PA
CBHW022138160426
43197CB00009B/1334